1 Ernährung bei TCM - Milz - Yang Mangel

Diese Empfehlungen bitte immer mit dem TCM-Ernährungsberater/in, oder TCM-Arzt/in absprechen! Die Rezepte und Zutatenlisten unterstützen die Therapien nach der Traditionellen Chinesischen Medizin.

Die Kalorienangaben frischer Zutaten (Obst und Gemüse) schwanken je nach Qualität und Erntezeit. Die Inhalte wurden von einer Diätologin und einer Ernährungsberaterin für die Traditionelle Chinesische Medizin (TCM) geprüft.

Autor:
©2016 Josef Miligui
www.ebns.at

Titelfoto:
©2008 Erika Weixlbaumer

Quelle:
Die Listen werden aus der TCME-Datenbank für die Ernährungsberatung generiert. Die Datenbank wird von Ernährungsberater, Therapeuten, Ärzte und Gastronomiebetrieben für die Beratung der Patienten/Klienten und Gästen verwendet.

Literaturliste:
Wir haben die Unterlagen als Wissensbasis genutzt und an unsere Erfahrungen angepasst und ergänzt.
http://ebns.at/index.php/de/datenbank/literaturliste

Herstellung und Verlag:
BoD – Books on Demand, Norderstedt

ISBN 978-3-7412-7421-3

TCM - Ernährung bei - Milz - Yang Mangel
(Buch: 248)

2 Definition der möglichen Symptome

Befragen
Abdomen (Bauch)
    Völlegefühl, Blähungen, Verdauungsstörungen
    Bauchschmerzen und Kältegefühl im Bauch (besser durch Druck und Wärme)
Appetit
    Appetitmangel (kein Gusto)
Energie
    Müdigkeit, Schwäche, schwache Gliedmaße, dünne Muskeln
    Schweregefühl in den Extremitäten
Epigastrium (Oberbauch)
    Engegefühl
Gewicht
    Gewichtsverlust
    Übergewicht - hartnäckig
Kälteempfinden
    Kalte Gliedmaßen
    Schnell frieren
    Abneigung gegen Kälte
Stuhl
    Weich bis wässrig - mit unverdauten Nahrungsresten
    Weiche Stühle
Urin
    Harnretention (Zurückhalten)
Verdauung
    Übelkeit

Betrachten
Gesicht
    Bleich, fahl, gelblicher Taint
Haut
    Ödeme
Kopf
    Dumpfer Kopf

Pulsdiagnostik
Puls
    Schwach, langsam, tief

Zungendiagnostik
Zunge
Blass, dicker weißer Belag (Feuchtigkeit), geschwollen (Kälte), nass!!!

1 Ernährung bei TCM - Milz - Yang Mangel 1
2 Definition der möglichen Symptome 2
3 Therapiestrategie 5
4 Vermeiden 5
Speiseplan 6
    4.1 Frühstück 6
    4.2 Jause 6
    4.3 Mittag 6
    4.4 Nachmittag 8
    4.5 Abend 8
    4.6 Jederzeit 9
5 Rezepte 9
    5.1 Acht Schätze Reis 9
    5.2 Adzukibohnen-Reis-Suppe 10
    5.3 Apfelmus mit Rosinen 10
    5.4 Basmatireis + Zucchini-Tofupfanne 11
    5.5 Bitzschnelle Zucchinisuppe 11
    5.6 Bohnenpasta pikant süß 12
    5.7 Brokkolicrèmesuppe 12
    5.8 Champignonreis 13
    5.9 Datteln-Coco-Mandelmuss-Cous-Cous 14
    5.10 Dicke Erbsensuppe für den Winter 14
    5.11 Fenchel mit gerösteten Walnüssen 15
    5.12 Fischsuppe mit Rosmarin 16
    5.13 Gegrillter Tofu mit Reisnudeln, Spinat und Zuckerschoten ... 16
    5.14 Gemüsereis 17
    5.15 Geröstete Haferflocken mit Weintraubenkompott 18
    5.16 Geröstete Nüsse 18
    5.17 Getreidekaffee mit Kardamom 19
    5.18 Grundrezept für eine Hühnerbrühe wärmend 19
    5.19 Grundrezept für eine Reissuppe (Congee) 19
    5.20 Grundrezept für eine Rinderbrühe (klar) 20
    5.21 Heidelbeermus 21
    5.22 Herzhafter Polentabrei 21
    5.23 Hühnersuppe mit Angelikawurzel und Bocksdornfrüchten 22
    5.24 Hühnersuppe mit Eigelb und Petersilie 22
    5.25 Hühnersuppe mit Grünkern, Petersilie und Sake 22
    5.26 Indische Dalsuppe 23

5.27	Ingwer Knoblauch Getränk	23
5.28	Karotten- Reisschleimsuppe	24
5.29	Karottendrink	24
5.30	Karpfensuppe	25
5.31	Klare Brühe aus Gänseklein	26
5.32	Klare Ochsenschwanzsuppe mit Bocksdornfrüchten	26
5.33	Kompott aus Birnen	27
5.34	Kompott aus Zwetschken	27
5.35	Kürbiscurry	27
5.36	Kürbissuppe	28
5.37	Kuzusuppe in der Früh	29
5.38	Linsen-Kastanien-Suppe mit Curry	29
5.39	Linsen-Reis-Eintopf	30
5.40	Nierenbohneneintopf mit Lamm und Salbei	30
5.41	Pinienkernemus	31
5.42	Polenta mit Pfirsich	31
5.43	Putenbrust mit Gemüse (Asiatisch)	32
5.44	Quinoa mit Pfirsich	33
5.45	Rasche Flocken mit Kompott oder Marmelade	34
5.46	Reis mit Pastinake	34
5.47	Reis Pesto mit Pinienkerne	35
5.48	Reisbrei mit Frühlingszwiebel	35
5.49	Reis-Congee mit Honigbirne und schwarzem Sesam	36
5.50	Reis-Congee mit Hühnerleber und Bocksdornfrüchten	36
5.51	Reis-Congee mit zerstoßenen Walnüssen	36
5.52	Reis-Dulse-Suppe	37
5.53	Reisnudelsuppe mit Shiitakepilzen	37
5.54	Rindfleisch mit Rotwein	38
5.55	Rindfleischsalat	38
5.56	Rindfleischsuppe mit Karotten, Lauch, Lorbeer	39
5.57	Schwarzaugenbohnen-Eintopf	40
5.58	Selleriesaft	40
5.59	Süsskartoffelpuffer mit Basilikum-Pesto	40
5.60	Tafelspitz nach klassischer Art	41
5.61	Tee Anis-Tee	42
5.62	Tee aus roten Datteln	42
5.63	Tee Wacholderbeeren	43
5.64	Wärmende Karottensuppe	43
5.65	Wärmender Haferflockenbrei	44
6	Wirkung der Lebensmittel	44
6.1	Zutaten verwenden: empfehlenswert	44
6.2	Zutaten verwenden: ja	55
6.3	Zutaten verwenden: wenig	58

6.4 Kontraindikativ wirkende Lebensmittel nicht verwenden 61
7 Therapeutische Kräuter und deren Wirkungen 62
8 Kräuter aus den Rezepten und deren Wirkungen 62
   8.1 Basilikum 62
   8.2 Koriander 63
   8.3 Lauchzwiebel Schnittlauch 63
   8.4 Liebstöckel 63
   8.5 Lilienzwiebel 63
   8.6 Makannasternsamen 63
   8.7 Petersilie 63
   8.8 Rosmarin 63
   8.9 Salbei 63
   8.10 Yamswurzel, Yamswurzelknolle 63
   8.11 Zitronenmelisse (frisch) 64
9 Grundlagen der Ernährung 64
   9.1 Ernährung 64
   9.2 Rezepte 67
      9.2.1 Rezepte nach Folge der Elemente kochen 67
   9.3 Lebensmittel 68
   9.4 Kräuter 69
10 Weitere Ernährungsvorschläge 70
11 EBNS - Software für die Ernährungsberatung 73

3 Therapiestrategie

MilzQi u MiYang stärken u wärmen, Kälte vertreiben, Qi bewegen. - kalt NEIN, erfrischend WENIG (süß JA, sauer NEIN), alles andere JA

4 Vermeiden

Schlechten Ernährungsstil, kalte Getränke, kein Fleisch 4 Std. vor dem Schlafen, zu viel Brot, Müsli, zu viel Rohkost, kalte Speisen/Getränke, Milchprodukte, Südfrüchte, Fruchtsäfte, denaturierte Nahrung, Fabrikzucker, frittiertes, paniert u. fett, Südfrüchte, Rohkost, kalte Gemüse, Schwarzer u Grüner Tee, Kaffee

Speiseplan

Kalorien

4.1 Frühstück

Adzukibohnen-Reis-Suppe	199
Bohnenpasta pikant süß	311
Datteln-Coco-Mandelmuss-Cous-Cous	483
Dicke Erbsensuppe für den Winter	123
Gemüsereis	303
Geröstete Haferflocken mit Weintraubenkompott	328
Geröstete Nüsse	973
Getreidekaffee mit Kardamom	3
Herzhafter Polentabrei	262
Karottendrink	143
Kompott aus Birnen	122
Polenta mit Pfirsich	197
Quinoa mit Pfirsich	247
Rasche Flocken mit Kompott oder Marmelade	231
Reis mit Pastinake	206
Reisbrei mit Frühlingszwiebel	177
Reis-Congee mit Honigbirne und schwarzem Sesam	158
Reis-Congee mit zerstoßenen Walnüssen	406
Reis-Dulse-Suppe	190
Reisnudelsuppe mit Shiitakepilzen	65
Rindfleischsalat	249
Selleriesaft	33
Tee Wacholderbeeren	10
Wärmender Haferflockenbrei	357

4.2 Jause

Adzukibohnen-Reis-Suppe	199
Apfelmus mit Rosinen	73
Kompott aus Zwetschken	22

4.3 Mittag

Acht Schätze Reis	212
Adzukibohnen-Reis-Suppe	199
Basmatireis + Zucchini-Tofupfanne	145
Bitzschnelle Zucchinisuppe	41
Bohnenpasta pikant süß	311

Brokkolicrèmesuppe	98
Champignonreis	410
Datteln-Coco-Mandelmuss-Cous-Cous	483
Dicke Erbsensuppe für den Winter	123
Fenchel mit gerösteten Walnüssen	342
Fischsuppe mit Rosmarin	271
Gegrillter Tofu mit Reisnudeln, Spinat und Zuckerschoten	327
Gemüsereis	303
Geröstete Nüsse	973
Getreidekaffee mit Kardamom	3
Herzhafter Polentabrei	262
Hühnersuppe mit Angelikawurzel und Bocksdornfrüchten	77
Hühnersuppe mit Grünkern, Petersilie und Sake	150
Indische Dalsuppe	255
Karottendrink	143
Karpfensuppe	499
Klare Brühe aus Gänseklein	334
Klare Ochsenschwanzsuppe mit Bocksdornfrüchten	217
Kompott aus Birnen	122
Kürbissuppe	104
Linsen-Kastanien-Suppe mit Curry	176
Linsen-Reis-Eintopf	232
Nierenbohneneintopf mit Lamm und Salbei	391
Polenta mit Pfirsich	197
Putenbrust mit Gemüse (Asiatisch)	535
Reis mit Pastinake	206
Reis Pesto mit Pinienkerne	274
Reis-Congee mit Honigbirne und schwarzem Sesam	158
Reis-Congee mit Hühnerleber und Bocksdornfrüchten	175
Reis-Congee mit zerstoßenen Walnüssen	406
Reis-Dulse-Suppe	190
Reisnudelsuppe mit Shiitakepilzen	65
Rindfleischsalat	249
Rindfleischsuppe mit Karotten, Lauch, Lorbeer	194
Schwarzaugenbohnen-Eintopf	140
Selleriesaft	33
Süsskartoffelpuffer mit Basilikum-Pesto	625
Tafelspitz nach klassischer Art	453
Tee Wacholderbeeren	10
Wärmende Karottensuppe	133
Wärmender Haferflockenbrei	357

4.4 Nachmittag

Apfelmus mit Rosinen ... 73
Kompott aus Zwetschken ... 22
Kürbiscurry ... 193

4.5 Abend

Adzukibohnen-Reis-Suppe ... 199
Basmatireis + Zucchini-Tofupfanne ... 145
Bitzschnelle Zucchinisuppe ... 41
Brokkolicrèmesuppe ... 98
Datteln-Coco-Mandelmuss-Cous-Cous ... 483
Dicke Erbsensuppe für den Winter ... 123
Fenchel mit gerösteten Walnüssen ... 342
Fischsuppe mit Rosmarin ... 271
Gegrillter Tofu mit Reisnudeln, Spinat und Zuckerschoten ... 327
Getreidekaffee mit Kardamom ... 3
Herzhafter Polentabrei ... 262
Hühnersuppe mit Angelikawurzel und Bocksdornfrüchten ... 77
Indische Dalsuppe ... 255
Karottendrink ... 143
Klare Brühe aus Gänseklein ... 334
Klare Ochsenschwanzsuppe mit Bocksdornfrüchten ... 217
Kompott aus Birnen ... 122
Kürbiscurry ... 193
Kürbissuppe ... 104
Linsen-Kastanien-Suppe mit Curry ... 176
Linsen-Reis-Eintopf ... 232
Nierenbohneneintopf mit Lamm und Salbei ... 391
Polenta mit Pfirsich ... 197
Quinoa mit Pfirsich ... 247
Reis mit Pastinake ... 206
Reis Pesto mit Pinienkerne ... 274
Reis-Congee mit Hühnerleber und Bocksdornfrüchten ... 175
Reisnudelsuppe mit Shiitakepilzen ... 65
Rindfleischsalat ... 249
Rindfleischsuppe mit Karotten, Lauch, Lorbeer ... 194
Schwarzaugenbohnen-Eintopf ... 140
Selleriesaft ... 33
Tafelspitz nach klassischer Art ... 453
Tee Wacholderbeeren ... 10
Wärmende Karottensuppe ... 133

4.6 Jederzeit

Datteln-Coco-Mandelmuss-Cous-Cous 483
Geröstete Nüsse 973
Getreidekaffee mit Kardamom 3
Karottendrink 143
Kompott aus Birnen 122
Kompott aus Zwetschken 22
Reis mit Pastinake 206
Reis-Congee mit Honigbirne und schwarzem Sesam 158
Reis-Congee mit zerstoßenen Walnüssen 406
Selleriesaft 33
Tee Wacholderbeeren 10

5 Rezepte

empfehlenswert = Sie können mehr verwenden, weniger = wenn möglich weniger verwenden.
TL=Teelöffel, EL=Esslöffel, L=Liter, g=Gramm
M=Metall, W=Wasser, H=Holz, F=Feuer, E=Erde.
(Die Kochanleitung nach den Elementen finden Sie im Kapitel „Rezepte" am Ende des Buches.)

5.1 Acht Schätze Reis

Stärkt Niere und Blase, Baut Qi auf, Stärkt die Milz, Vertreibt Feuchtigkeit, reduziert innere Hitze, beugt Krebs vor, baut Herz auf, beruhigt Nerven.
Kalorien p. Portion 212
Kochdauer ca. 1 Stunde
Thermische Wirkung: neutral

Menge	Zutaten		
1 EL	Lilienzwiebel	empfehlenswert	
1 EL	Longane	ja	
1 EL	Weißwurz	empfehlenswert	
1 EL	Yamswurzel, Yamswurzelknolle	empfehlenswert	
1 EL	Hiobsträne (Samen) YiYi Ren	wenig	
1 EL	Makannasternsamen	empfehlenswert	
2 Tassen	Reis Wilder (Naturreis)	ja	M
8-10 Tassen	Wasser	ja	E

Kochanleitung:
Je 1 EL: Bai He (Lilienzwiebel), Longan (Longane/Drachenaugenfrucht), Yu Zhu (Wohlriechender Weißwurz-Wurzelstock), Da Zao, Shan Yao (Yamswurzel, Yamswurzelknolle), Lian Mi, Yi Yi Ren (Samen der Hiobsträne), Qian Shi

(Makannasternsamen)

Mit heißem Wasser übergießen und ca. 30 Min einweichen. Anschließend: 1 – 2 Tassen Reis (normal) hinzufügen und ½ bis 1 Stunde köcheln, bis der Reis sehr weich ist. Oder: Mit Vollwertreis ca. 3 Stunden lang mit den Kräutern ein Congee kochen. Dann müssen die Kräuter nicht eingeweicht werden.

5.2 Adzukibohnen-Reis-Suppe

Reduziert Feuchtigkeit, leitet nach unten, reduziert Magen-Darm-Hitze, baut Essenz auf, stärkt Muskeln nach Hitze-Erkrankung: baut Körpersäfte auf.
Kalorien p. Portion 199
Kochdauer ca. 2 Sunden
Thermische Wirkung: neutral

Menge	Zutaten		
8 EL	Adzukibohnen	wenig	W
2 EL	Reis Rundkornreis	empfehlenswert	M
2 Tassen	Wasser	ja	E
1 EL	Honig	wenig	E

Kochanleitung:
Eingeweichte Adzukibohnen und Rundkornreis im Verhältnis 4:1 so lange bei kleiner Hitze in Wasser kochen, bis ein dünner Brei entstanden ist. Nach Bedarf süßen; eventuell pürieren.

Wirkung: Dieses Rezept kräftigt Niere, Milz und Magen und ist besonders für Mütter mit zu wenig Milchfluss geeignet

5.3 Apfelmus mit Rosinen

Nährt Säfte, reduziert Magenhitze, stärkt Milz, harmonisiert Magen. Befeuchtet, entspannt, baut Qi auf.
Kalorien p. Portion 73
Kochdauer ca. 25 Min.
Thermische Wirkung: kühl

Menge	Zutaten		
1 Kg	Apfel (süß)	ja	E
100 ml.	Wasser	ja	E
50 g.	Rosinen	empfehlenswert	E

Kochanleitung:
Die Äpfel waschen, schälen, vierteln und dabei das Kerngehäuse entfernen. Die Äpfel mit dem Wasser in einen Topf geben. Die Rosinen mit heißem Wasser waschen und dazugeben. Bei schwacher Hitze

etwa 10 Minuten dünsten, dann abkühlen lassen. Für Kinder bis zu 10 Monaten das Mus im Mixer fein pürieren. Für die Größeren mit dem Kartoffelstampfer zerdrücken. In Tiefkühlbeutel oder in leere Joghurtbecher füllen und verschließen. Die Joghurtbecher verschließen. Im Schockgefrierfach einfrieren und bei Bedarf bei Zimmertemperatur etwa 6 Stunden auftauen lassen. (Ca. 4 Monate haltbar).
Das Obstmus ist als Nachtisch oder Zwischenmahlzeit gedacht. Es wirkt verdauungsfördernd. Bei Durchfall lieber Bananenmus geben.

5.4 Basmatireis + Zucchini-Tofupfanne

Diuretisch, wandelt Schleim um, reduziert Hitze, baut Qi auf. Nährt Säfte, harmonisiert Milz und Magen, stärkt Lungen Qi.
Kalorien p. Portion 145
Kochdauer ca. 20 min.
Thermische Wirkung: kühl

Menge	Zutaten		
250 g.	Soja Tofu	ja	E
2 EL	Olivenöl	wenig	E
1/2 TL	Koriander	empfehlenswert	M
1/2 TL	Ingwer frisch	empfehlenswert	M
1/2 Tasse	Reis Basmatireis	ja	M
3 Tassen	Wasser	ja	E
1 Stück	Zucchini	ja	E

Kochanleitung:
Tofu würfelig schneiden und mit Olivenöl, Tamari, zerstoßenem Koriander und Ingwer marinieren. Mindestens 1 Stunde ziehen lassen.

Basmatireis mit dem Wasser kochen. Eventuell mit Zwiebel und Kardamom würzen.
Zucchini und Tofu in Pfanne im heißem Öl ca. 5-7 min anrösten.
Reis und Tofu mit Zucchini getrennt auf Teller servieren.
Petersilie dazugeben.
Kann kalt auch als Salat für zuhause und unterwegs genommen werden.

5.5 Bitzschnelle Zucchinisuppe

Reduziert Schleim, bewahrt die Säfte, kühlt Leberhitze, stärkt Magen Qi.
Kalorien p. Portion 41
Kochdauer ca. 10 min
Thermische Wirkung: kühl

Menge	Zutaten		
2-3 Stück	Zucchini	ja	E
1 Stück	Zwiebel weiss	empfehlenswert	M
2 EL	Maiskeimöl	empfehlenswert	E
1 EL	Petersilie	empfehlenswert	H
1 TL	Lauchzwiebel Schnittlauch	empfehlenswert	M
1/2 Liter	Wasser	ja	E

Kochanleitung:
Gehackte Zwiebel in Öl andünsten. In Scheiben geschnittene Zucchini dazugeben und gut andünsten. Mit Wasser aufgießen. Petersilie und Schnittlauch grob hacken, hinzufügen und alles pürieren.

5.6 Bohnenpasta pikant süß

Stärkt Milz, Magen und Niere. Stärkt Mitte sowie Nieren Jang, Yin und Jing.
Kalorien p. Portion 311
Kochdauer ca. 1 Stunde
Thermische Wirkung: warm

Menge	Zutaten		
1 Tasse	Schwarze Bohnen	wenig	W
2 cm.	Ingwer frisch	empfehlenswert	M
1/2 TL	Boxhornkleesamen	empfehlenswert	
1 EL	Tomatenmark	empfehlenswert	H
2 EL	Olivenöl	wenig	E
1 Schuß	Kürbiskernöl	wenig	E
1 Messerspitze	Senf	empfehlenswert	M
1 TL gerieben	Rettich Meerrettich (Kren)	ja	M
1 Prise	Pfeffer (gemahlen)	ja	M
2 Zehen	Knoblauch	ja	M
1 Prise	Salz	wenig	W
2-3 EL	Zucker Melasse	ja	E
1/2 Stück	Zitrone Schale	wenig	F

Kochanleitung:
Bohnen, Ingwer und Rettich 1 Stunde kochen, Wasser abgießen und pürieren. Mit Gewürzen abschmecken.
Mit Zuckerrübensirup und Zitronenschale verfeinern.

5.7 Brokkolicrèmesuppe

Nährt Lungen-Yin, produziert Körpersäfte. Stärkt Milz und Leber. Befeuchtet, reduziert Kälte-Übel, weicht Knoten auf.
Kalorien p. Portion 98
Kochdauer ca. 30 min. (+Grundrezept)
Thermische Wirkung: kühl

Menge	Zutaten		
2-3 EL	Olivenöl	wenig	E
500 g.	Brokkoli	ja	E
2 Stück	Karotte (Mohrrübe, Möhre)	empfehlenswert	E
2 Stück	Kartoffel	ja	E
1 Stück	Zwiebel weiss	empfehlenswert	M
1 Tasse	Wasser	ja	E
1/2 Liter	Grundrezept für eine Gemüsebrühe	empfehlenswert	
1/8 Liter	Weißwein	wenig	H
1 TL	Salbei	wenig	F
1 TL	Rosmarin	empfehlenswert	F
1 Prise	Pfeffer (gemahlen)	ja	M
1 Prise	Salz	wenig	W

Kochanleitung:
Olivenöl in die Pfanne geben, den gewaschenen und in Stücke geschnittenen Brokkoli, gewürfelte Karotten und Kartoffel dazugeben, kurz andünsten, klein geschnittene Zwiebel dazugeben, mit Wasser auffüllen, soviel Wasser, dass das Gemüse mind. 3 Fingerbreit bedeckt ist. Mit Bouillon aufgießen, salzen, ganz wenig Weißwein dazugeben, geschnittener Salbei und Rosmarin dazugeben.
Aufkochen lassen und dann auf kleinem Feuer ca. 25 Minuten köcheln lassen. Mit Pfeffer würzen, evt. noch mit Meersalz nachwürzen. Die Suppe pürieren.

5.8 Champignonreis

Stärkt Milz, baut Qi auf, leitet Hitze nach unten. Stärkt Magen-Qi.
Kalorien p. Portion 410
Kochdauer ca. 30 Min. (+Grundrezept)
Thermische Wirkung: warm

Menge	Zutaten		
1 Stück	Zwiebel weiss	empfehlenswert	M
2 Stück	Lorbeerblatt	empfehlenswert	M
2 Stück	Nelke	empfehlenswert	M
400 g.	Grundrezept für eine Gemüsebrühe	empfehlenswert	
200 g	Reis Vollkorn	empfehlenswert	M
60 g.	Champignon	wenig	E
20 g.	Petersilie	empfehlenswert	H
1 Prise	Pfeffer (gemahlen)	ja	M

Kochanleitung:
Die Nelken in die Zwiebel stecken. Die Gemüsebrühe mit der Zwiebel und den Lorbeerblättern zum Kochen bringen. Den Reis in die kochende Flüssigkeit geben, Temperatur auf die kleinste Stufe zurückschalten und mit geschlossenem Deckel 20-25 Minuten garziehen. In der Zwischenzeit die Champignons waschen, putzen, in

Scheiben schneiden, mit wenig Wasser kurz andünsten oder anbraten.
Die Petersilie waschen und fein hacken.
Aus dem fertigen Reis die Zwiebel herausnehmen, die Champignons und die Petersilie hinzugeben, mit Pfeffer abschmecken.

5.9 Datteln-Coco-Mandelmuss-Cous-Cous

Stärkt Yin.
Kalorien p. Portion 483
Kochdauer ca. 10 Min.
Thermische Wirkung: neutral

Menge	Zutaten		
2 Tassen	Couscous	ja	H
4 Tassen	Wasser	ja	E
6 Stück	Datteln getrocknet	empfehlenswert	E
3 EL	Kokosflocken	ja	E
2 EL	Mandelmus	ja	E
2 TL	Olivenöl	wenig	E
1 Stück gerieben	Apfel (süß)	ja	E
1 Messerspitze	Vanille	empfehlenswert	E
1 Prise	Chili (Schote oder gemahlen)	ja	M

Kochanleitung:
Cous-Cous und Olivenöl in eine große Schüssel geben und mit kochendem Wasser übergießen. 10 Minuten quellen lassen. Datteln zerkleinern und Apfel reiben. Cous-Cous mit einer Gabel auflockern. Datteln, Kokosflocken, Apfel und Mandelmus untermischen.
Süßen nach Geschmack. Gewürze und Aromen : Vanille, wenig Chili

Wintervariation : Birne,
Sommervariation: Marille, Nektarine

5.10 Dicke Erbsensuppe für den Winter

Nährt Qi, diuretisch, harmonisiert Qi (v.a. im Mittleren und Unteren Erwärmer). Stärkt die Niere und das Abwehr-Qi; erwärmt. Leitet Feuchtigkeit aus.
Kalorien p. Portion 123
Kochdauer ca. 2-3 Stunden
Thermische Wirkung: warm

Menge	Zutaten		
150 g.	Erbse, grün	ja	W
600 ml.	Wasser	ja	E
1 EL	Sesamöl	empfehlenswert	E
1/2 Stück	Zwiebel weiss	empfehlenswert	M
1/2 TL	Ingwer frisch	empfehlenswert	M

1/2 TL	Kümmel	empfehlenswert	E
1 EL	Hafer Schrot	empfehlenswert	M
1 Prise	Salz	wenig	W
1 Stängel	Petersilie	empfehlenswert	H

Kochanleitung:
Erbsen vorher einweichen; in einem heißen Topf Sesamöl, Zwiebel, etwas Haferschrot, Ingwer und Kümmel andünsten; Erbsen zugeben und 2-3 Stunden köcheln; am Schluss Salz zugeben; mit Petersilie garnieren.

5.11 Fenchel mit gerösteten Walnüssen

Reguliert Qi, wärmt das Innere, senkt Kälte ab, stärkt Magen, lindert Obstipation, stärkt Nieren und Milz Yang, löst Schleim, reduziert Wind, verteilt. Zerstreut und bewegt Qi, befeuchtet, reduziert Kälte-Übel, weicht Knoten auf. Stärkt Magen-Qi.
Kalorien p. Portion 342
Kochdauer ca. 20 Min.
Thermische Wirkung: warm

Menge	**Zutaten**		
4 Stück	Fenchel	empfehlenswert	E
1 Prise	Muskatnuss	empfehlenswert	M
1/2 TL	Ingwer frisch	empfehlenswert	M
1 Prise	Salz	wenig	W
1/8 Liter	Weißwein	wenig	H
1 Prise	Rosenpaprika Pulver	empfehlenswert	F
2 EL	Olivenöl	wenig	E
2 EL	Walnüsse	empfehlenswert	E
2 Tassen	Wasser	ja	E
1 Tasse	Mais Grieß (Polenta)	empfehlenswert	E
1 Prise	Salz	wenig	W

Kochanleitung:
In einem Topf ganz wenig Wasser erhitzen; Fenchel in Streifen geschnitten kurz andünsten; Muskat, etwas Ingwer gerieben, Salz, einen Schuß Weißwein, Rosenpaprika dazugeben;dünsten, bis das Gemüse gar, aber noch knackig ist; etwas Olivenöl unterrühren; mit gerösteten Walnüssen bestreuen.
Die Polenta in einen Topf mit heißem Wasser unter ständigem Rühren einrieseln bis die Polenta die gewünschte Konsistenz hat. Salzen.
Die Polenta vom Feuer ziehen und ca 10 min quellen lassen.

5.12 Fischsuppe mit Rosmarin

Kräftigt Nieren-Qi; nährt Blut und Säfte; fördert das Wasserlassen.
Reguliert Qi, trocknet aus, leitet nach unten. Stärkt Milz und Leber, reguliert Qi-Fluss, befeuchtet, entspannt, baut Qi auf, verteilt.
Kalorien p. Portion 271
Kochdauer ca. 30 Min. (+Grundrezept)
Thermische Wirkung: neutral

Menge	Zutaten		
1/2 Liter	Grundrezept für eine Fischbrühe	empfehlenswert	
1/2 Bund	Rosmarin	empfehlenswert	F
1 Stück	Zwiebel Frühlingszwiebel	empfehlenswert	M
2 EL	Olivenöl	wenig	E
250 g.	Fischstücke gemischt (Süßwasser)	empfehlenswert	W
1 Stück	Karotte (Mohrrübe, Möhre)	empfehlenswert	E
1 Stück	Pastinake	empfehlenswert	F
1 Scheibe	Sellerie Knolle	empfehlenswert	E
1 Prise	Salz	wenig	W
2 Stück	Pfeffer Körner	ja	M
1 Zehe	Knoblauch	ja	M

Kochanleitung:
Die Zwiebel und Knoblauch in dem Öl glasig braten. Mit Fischbrühe aufgießen. Gewürfelte Karotte, Pastinaken und Sellerie hinzugeben. Mit Salz und Pfefferkörnern würzen. Die Suppe 25 Min. bei schwacher Hitze köcheln lassen.
Den Fisch waschen, mit Zitronensaft beträufeln, in Stücke teilen und mit dem abgezupften Rosmarin in die Suppe geben. Alles 5 Min. bei schwacher Hitze garen.
Schnittlauch und Petersilie dazugeben und die Suppe mit dem Salz abschmecken.

5.13 Gegrillter Tofu mit Reisnudeln, Spinat und Zuckerschoten

Nährt Blut und Säfte, lässt Qi aufsteigen, harmonisiert Milz und Magen, befeuchtet, entspannt, baut Qi auf, verteilt.
Kalorien p. Portion 327
Kochdauer ca. 30 Min.
Thermische Wirkung: kühl

Menge	Zutaten		
85 ml	Sake	wenig	M
1 EL	Zucker Ursüße (Zuckerrohr) süß	wenig	E
5 Zehen	Knoblauch	ja	M
3 Stück	Zwiebel Frühlingszwiebel	empfehlenswert	M
3 cm.	Ingwer frisch	empfehlenswert	M

2 EL	Rapsöl	wenig	E
2 Handvoll	Spinat	ja	E
450 g.	Erbse, grün	ja	W
1 EL	Wasser	ja	E
1 Paket	Reisnudeln	ja	M
1 Liter	Wasser	ja	E
1 EL	Basilikum	empfehlenswert	M
500 g.	Soja Tofu	ja	E

Kochanleitung:
Für die Marinade: Tamari-Sauce, Reiswein, Zucker, zerdrückten Knoblauch, Frühlingszwiebel, geriebenen Ingwer, gehackten Basilikum und das Rapsöl in einer mittelgroßen Schüssel miteinander vermengen. Den Tofu hineingeben und mindestens 1 Stunde in der Marinade liegenlassen.
Die Zuckerschoten in einer Pfanne zugedeckt mit wenig Wasser 5 min. leicht dünsten, den Spinat dazugeben und nochmals 3 min. weiterdünsten.
Die Reisnudeln nach Herstellerangaben kochen, abtropfen lassen, mit warmen Wasser nochmals abspülen und abtropfen lassen.
Den Grill oder Backofengrill vorheizen, den Tofu von beiden Seiten jeweils 5 Minuten grillen und beiseite stellen.
Die Nudeln auf den Tellern anrichten, das Gemüse rundherum aufteilen und den Tofu über die Nudeln legen. Mit der Marinade übergießen.

5.14 Gemüsereis

Stärkt Milz und Leber, reguliert Qi-Fluss, entspannt, baut Qi auf, verteilt. trocknet aus, leitet nach unten. Stärkt Magen-Qi. Wärmt Magen und Milz, harmonisiert den Darm, stärkt Qi-Funktion, reduziert Feuchtigkeit.
Kalorien p. Portion 303
Kochdauer ca. 30 Min. (+Grundrezept)
Thermische Wirkung: warm

Menge	Zutaten		
50 g.	Brokkoli	ja	E
50 g.	Karotte (Mohrrübe, Möhre)	empfehlenswert	E
50 g.	Kohlrabi	empfehlenswert	E
30 g.	Blumenkohl (Karfiol)	ja	E
20 g.	Erbsen	wenig	W
1 TL	Margarine	wenig	E
200 g	Reis Vollkorn	empfehlenswert	M
400 g.	Grundrezept für eine Gemüsebrühe	empfehlenswert	
20 g.	Petersilie	empfehlenswert	H
1 Prise	Pfeffer (gemahlen)	ja	M

Kochanleitung:
Die Brokkoli, Karotten und Kohlrabi in kleine Würfel schneiden, den Blumenkohl in kleine Röschen zerteilen. Die Margarine in einer Pfanne oder Topf erhitzen, das Gemüse andünsten. Anschließend den Reis dazugeben, mit der Gemüsebrühe auffüllen und 15-20 Minuten ausquellen lassen.

In der Zwischenzeit die Petersilie fein hacken. Nach Garzeitende den Reis mit frisch gemahlenem Pfeffer und Petersilie abschmecken.

5.15 Geröstete Haferflocken mit Weintraubenkompott

Befeuchtet, entspannt, baut Qi auf, verteilt. Stärkt Qi. Erwärmt Magen und Milz, fördert Durchblutung und Leitbahnfluss, lindert Kälte-Übel und Schmerzen.
Kalorien p. Portion 328
Kochdauer ca. 25 Min.
Thermische Wirkung: warm

Menge	Zutaten		
1 Tasse	Hafer Flocken geröstet	empfehlenswert	M
2 Tassen	Trauben rot	ja	E
1/2 TL	Ingwer frisch	empfehlenswert	M
2 EL	Rosinen	empfehlenswert	E
1 Prise	Zimtpulver	empfehlenswert	M
2 Tassen	Wasser	ja	E

Kochanleitung:
Haferflocken kurz anrösten, mit Wasser übergießen, Rosinen dazugeben und 20 min. kochen. Trauben, Ingwer und Zimt zugeben.

5.16 Geröstete Nüsse

Stärken Nieren-Qi, -Essenz und Gehirn, stärkt Niere, baut Essenz auf, wärmt Lunge, befeuchtet den Darm, befeuchtet, entspannt, baut Qi auf, verteilt.
Kalorien p. Portion 973
Kochdauer ca. 5 Min.
Thermische Wirkung: neutral

Menge	Zutaten		
100 g.	Haselnüsse	empfehlenswert	E
100 g.	Cashewnüsse	wenig	E
100 g.	Walnüsse	empfehlenswert	E

Kochanleitung:
Nüsse in einer Pfanne ca. 5 Minuten rösten.

5.17 Getreidekaffee mit Kardamom

Trocknet aus, leitet nach unten.
Kalorien p. Portion 3
Kochdauer ca. 5 Min.
Thermische Wirkung: warm

Menge	Zutaten		
1 EL	Getreidekaffee	empfehlenswert	F
2 Kerne	Kardamom	empfehlenswert	M
1 Tasse	Wasser	ja	E

Kochanleitung:
Wasser, Kaffee, Zucker und Kardamom aufkochen und setzen lassen

5.18 Grundrezept für eine Hühnerbrühe wärmend

Stärkt Qi und Blut; ist sehr wärmend.
Kalorien p. Portion 89
Kochdauer ca. 2-3 Stunden
Thermische Wirkung: warm

Menge	Zutaten		
1/2 Stück	Huhn Fleisch	empfehlenswert	H
2 Stück	Karotte (Mohrrübe, Möhre)	empfehlenswert	E
1 Stange	Lauch (Porree)	empfehlenswert	M
1 Stück	Sellerie Knolle	empfehlenswert	E
2 Scheiben	Ingwer frisch	empfehlenswert	M
1 TL	Bockshornklee	empfehlenswert	F
1 TL	Wacholderbeere	empfehlenswert	F
3 Stück	Lorbeerblatt	empfehlenswert	M
1 Liter	Wasser	ja	E

Kochanleitung:
Hühnerteile vom Fett befreien, in einem Topf mit heißem Wasser geben und kurz aufkochen lassen, entstehenden Schaum abschöpfen.
Grob geschnittenes Gemüse und alle Gewürze zugeben und 2 – 3 Stunden bei mittlerer Hitze kochen. Fertige Suppe abseihen. Gemüse und Knochen wegwerfen.
Tipp: Wenn Sie das Fleisch als Suppeneinlage weiter verwenden möchten, nach 45 Minuten rausnehmen und nur die Knochen in die Suppe zurückgeben.

5.19 Grundrezept für eine Reissuppe (Congee)

Wärmt Magen und Milz, harmonisiert den Darm, stärkt Qi-Funktion, reduziert Feuchtigkeit.
Kalorien p. Portion 140
Kochdauer ca. 2-4 Stunden

Thermische Wirkung: warm

Menge	Zutaten		
1 Tasse	Reis Sorte beliebig	empfehlenswert	M
6 Tassen	Wasser	ja	E

Kochanleitung:
Man kocht Reis und Wasser in einem Verhältnis von etwa 1:6. Die Menge des Wassers bestimmt die Dicke des Breis (reine Geschmacksache). Der Reis quillt unwahrscheinlich auf, nehmen Sie also nicht viel. Geben Sie den Reis in einen Topf mit einem schweren Deckel. Wichtig ist, den Reis nach kurzem Aufkochen nur auf kleinster Flamme köcheln zu lassen, da er sonst anbrennt.
Kochen Sie den Reis 2-4 Stunden. Je länger er kocht, umso mehr stärkt er. Wenn Sie das Gericht zum Frühstück essen möchten, können Sie den Reis auch kurz vor dem Zubettgehen aufsetzen. Sicherheitshalber sollten Sie vorher einmal unter Beobachtung für eine ähnlich lange Zeit das Verhalten Ihres Topfes und Herdes prüfen, damit nichts anbrennt.

5.20 Grundrezept für eine Rinderbrühe (klar)

Stärkt Qi und Yang; ist sehr erwärmend.
Kalorien p. Portion 114
Kochdauer ca. 4-8 Stunden
Thermische Wirkung: warm

Menge	Zutaten		
500 g.	Rind Suppenfleisch	empfehlenswert	E
200 g.	Rind Fleischknochen	ja	E
1 Schuß	Essig (Rotweinessig)	wenig	H
8 Stück	Wacholderbeere	empfehlenswert	F
1 Prise	Rosmarin	empfehlenswert	F
3 Stück	Karotte (Mohrrübe, Möhre)	empfehlenswert	E
2 Stück	Pastinake	empfehlenswert	F
1 Stück	Lauch (Porree)	empfehlenswert	M
1/2 TL	Ingwer frisch	empfehlenswert	M
1 Stiel	Liebstöckel	empfehlenswert	M
2 Stück	Nelke	empfehlenswert	M
6 Stück	Piment	wenig	M
2 Stück	Anis (gemeiner Fenchel)	empfehlenswert	E
1 TL	Salz	wenig	W
1 1/2 Liter	Wasser	ja	E

Kochanleitung:
Wasser, einen Schuß Rotweinessig, einige Wacholderbeeren, etwas Rosmarin, Knochen und Fleisch zum Kochen bringen; Karotte, Pastinake, etwas Lauch, Ingwer, Liebstöckelgrün, Nelke, Piment, Sternanis und etwas Salz hinzufügen; alles 4-8 Stunden köcheln und abseihen; Brühe im Kühlschrank aufbewahren.

5.21 Heidelbeermus

Hält Säfte und Essenz, stärkt Leber und Nieren, stärkt Blut, stärkt Sehkraft. Wärmt Milz- und Nieren-Yang, leitet nach oben. Erwärmt Magen und Milz, fördert Durchblutung und Leitbahnfluss, lindert Kälte-Übel und Schmerzen.
Kalorien p. Portion 10
Kochdauer ca. 10 Min.
Thermische Wirkung: kühl
Therapeutisches Rezept

Menge	Zutaten		
20 g.	Heidelbeere	ja	H
1 Prise	Zimtpulver	empfehlenswert	M
1 Stück	Nelke	empfehlenswert	M
1/4 Liter	Wasser	ja	E

Kochanleitung:
Heidelbeeren mit Zimt und Nelke im Wasser 10 Min. kochen. Pürieren. Nach Wunsch süßen.

5.22 Herzhafter Polentabrei

Stärkt Milz und Magen; fördert das Wasserlassen; harmonisiert das Leber-Qi
Kalorien p. Portion 262
Kochdauer ca. 10 Min.
Thermische Wirkung: neutral

Menge	Zutaten		
1 Tasse	Mais Grieß (Polenta)	empfehlenswert	E
2 Stück	Zwiebel Frühlingszwiebel	empfehlenswert	M
1/2 TL	Ingwer frisch	empfehlenswert	M
1 Prise	Muskatnuss	empfehlenswert	M
1 Prise	Salz	wenig	W
1 EL	Olivenöl	wenig	E
1 Prise	Kurkuma (Gelbwurz)	empfehlenswert	F
2 Tassen	Wasser	ja	E

Kochanleitung:
Polenta in kochendes Wasser einrühren und quellen lassen. Frühlingszwiebeln, geriebenen Ingwer, Kurkuma, Muskat, Salz und Olivenöl zugeben und weiterziehen lassen.

5.23 Hühnersuppe mit Angelikawurzel und Bocksdornfrüchten

Stärkt Milz und nährt das Blut und das Yin der Leber. Stärkt Qi und Blut; ist sehr wärmend.
Kalorien p. Portion 77
Kochdauer ca. 1 1/2 Stunden
Thermische Wirkung: warm

Menge	Zutaten	
1/2 Liter	Grundrezept für eine Hühnerbrühe	empfehlenswert
5 g.	Angelikawurzel	empfehlenswert
50 g.	Bocksdornfrüchte (Fructus Lycii)	empfehlenswert H

Kochanleitung:
Hühnerbrühe laut Grundrezepte. In den letzten 40 Minuten Angelikawurzel und Bocksdornfrüchte mitkochen.
Einnahme: Täglich 2-3 Tassen Brühe trinken.

5.24 Hühnersuppe mit Eigelb und Petersilie

Stärkt Qi und Blut; ist sehr wärmend. Nährt Blut und Leber, harmonisiert Leber und Milz, stärkt Sehkraft, bewahrt die Säfte, zieht zusammen.
Kalorien p. Portion 117
Kochdauer ca. 10 Min. (+Grundrezept)
Thermische Wirkung: warm
Therapeutisches Rezept

Menge	Zutaten	
1/2 Liter	Grundrezept für eine Hühnerbrühe	empfehlenswert
1 Stück	Huhn Eigelb	empfehlenswert E
1 EL	Petersilie	empfehlenswert H

Kochanleitung:
Brühe erhitzen und das Eigelb versprudeln. Die gehackte Petersilie drüberstreuen und ca. 2 Min. ziehen lassen. In kleinen Schlucken trinken.

5.25 Hühnersuppe mit Grünkern, Petersilie und Sake

Stärkt Qi und Blut; ist sehr wärmend. Nährt Leber-Blut, bewahrt die Säfte, zieht zusammen. Zerstreut und bewegt Qi, befeuchtet, reduziert Kälte-Übel, weicht Knoten auf.
Kalorien p. Portion 150
Kochdauer ca. 1 1/2 Stunden
Thermische Wirkung: warm

Menge	Zutaten		
1/2 Liter	Grundrezept für eine Hühnerbrühe	empfehlenswert	
4 EL	Grünkern	ja	H
2 EL	Petersilie	empfehlenswert	H
1 Schuß	Sake	wenig	M

Kochanleitung:
Die Zutaten in der Suppe 10 min. ziehen lassen.

5.26 Indische Dalsuppe

Reduziert innere Hitze und Feuchtigkeit, weicht auf, leitet nach unten. Stärkt Milz und Leber, reguliert Qi-Fluss, befeuchtet, entspannt, baut Qi auf, verteilt, stärkt Leber und Niere, reduziert feuchte Hitze.
Kalorien p. Portion 255
Kochdauer ca. 30 Min.
Thermische Wirkung: kühl

Menge	Zutaten		
175 g.	Linsen (Helmbohnen)	wenig	W
3 EL	Sesamöl	empfehlenswert	E
1 Stück	Karotte (Mohrrübe, Möhre)	empfehlenswert	E
1 Stück	Zwiebel Schalotte	empfehlenswert	M
2 Tassen	Wasser	ja	E
2 Scheiben	Ingwer frisch	empfehlenswert	M
1 Prise	Salz	wenig	W
1 TL	Sojasauce	wenig	W
1 TL gehackte	Petersilie	empfehlenswert	H
1 TL	Thymian	empfehlenswert	W
1 EL	Basilikum	empfehlenswert	M

Kochanleitung:
Linsen über Nacht einweichen; in einen heißen Topf Öl geben; Karotte, Zwiebel, etwas Ingwer andünsten mit Wasser aufgießen; Linsen zugeben und weich kochen; Salz oder Sojasoße zugeben und weitere 10 Minuten kochen; vor dem Servieren Petersilie unterheben; Thymian oder Basilikum drüberstreuen.
Variante: Andere Kräuter wie Salbei, Rosmarin oder Liebstöckel ermöglichen eine Vielfalt von Geschmacksnuancen.

5.27 Ingwer Knoblauch Getränk

Löst Stagnation, leitet nach oben. Vertreibt innere Kälte und innere Feuchtigkeit. Bewegt Qi, stärkt Säfteproduktion, reduziert Kälte-Übel, leitet nach oben. Stärkt Qi und Milz, reduziert Kälte-Übel.
Kalorien p. Portion 34
Kochdauer ca. 1/2 Stunde
Thermische Wirkung: warm

Therapeutisches Rezept

Menge	Zutaten		
15 g.	Ingwer frisch	empfehlenswert	M
15 g.	Knoblauch	ja	M
1 EL	Zucker braun	wenig	E
1/2 Liter	Wasser	ja	E

Kochanleitung:
Alle Zutaten in einen Topf und 1/2 Stunde köcheln

5.28 Karotten- Reisschleimsuppe

Wärmt Magen und Milz, harmonisiert den Darm, stärkt Qi-Funktion, reduziert Feuchtigkeit. Stärkt Milz und Leber, reguliert Qi-Fluss, befeuchtet, entspannt, baut Qi auf, verteilt.
Kalorien p. Portion 101
Kochdauer ca. 10 Min. (+Grundrezept)
Thermische Wirkung: warm
Therapeutisches Rezept

Menge	Zutaten		
1 Tasse	Grundrezept für eine Reissuppe	empfehlenswert	
2 Stück	Karotte (Mohrrübe, Möhre)	empfehlenswert	E
1 TL	Salz	wenig	W

Kochanleitung:
Karotten schälen und reiben. Die Reissuppe aufkochen und die geriebenen Karotten und Salz dazugeben. 10 Minuten kochen.

5.29 Karottendrink

Stärkt Milz, Niere und Leber, reguliert Qi-Fluss, befeuchtet, entspannt, baut Qi auf, verteilt. Befeuchten Lunge und Dickdarm. Stärkt Mittleren Erwärmer, befeuchtet.
Kalorien p. Portion 143
Kochdauer ca. 15 Min.
Thermische Wirkung: kühl

Menge	Zutaten		
1 EL	Hirseflocken	wenig	E
400 g.	Karotte (Mohrrübe, Möhre)	empfehlenswert	E
1 TL	Mandelmus	ja	E
1/2 TL	Honig	wenig	E

Kochanleitung:
Hirseflocken mit 50 ml kaltem Wasser übergießen und 10 Minuten aufquellen lassen.
Die frischen Karotten entsaften oder 200 ml. Karottensaft verwenden. Hirseflocken, Karottensaft, Mandelmus und Honig mit dem Mixer fein pürieren.

5.30 Karpfensuppe

Nährend und leicht erwärmend, stärkt die Mitte und den Unteren Erwärmer entfernt Feuchtigkeit.
Kalorien p. Portion 499
Kochdauer ca. 2 Stunden
Thermische Wirkung: neutral

Menge	Zutaten		
500 g.	Karpfen	empfehlenswert	W
1 Prise	Salz	wenig	W
1 TL	Essig (Apfelessig)	wenig	H
1 Zweig	Thymian	empfehlenswert	W
8 Stück	Wacholderbeere	empfehlenswert	F
2 Stück	Karotte (Mohrrübe, Möhre)	empfehlenswert	E
1 Stück	Lauch (Porree)	empfehlenswert	M
1 Stück	Zwiebel weiss	empfehlenswert	M
1/2 TL	Ingwer frisch	empfehlenswert	M
3 Blatt	Lorbeerblatt	empfehlenswert	M
1/8 Liter	Weißwein	wenig	H
3 Blatt	Basilikum	empfehlenswert	M

Kochanleitung:
Vorbereitung: Beim Einkauf im Fischgeschäft die Filets von einem mittelgroßen, ganzen Karpfen herauslösen und Fischkopf, Rückgrat mit Gräten und Schwanz ebenfalls einpacken lassen.

Die Filetstücke in 1 cm große Würfel schneiden; etwas salzen und beiseite stellen.

Fischkopf, Rückgrat mit Gräten und Schwanz des Karpfens in reichlich kaltes Wasser geben; zum Kochen bringen und den Schaum abschöpfen; einen Spritzer Essig, einen frischen Zweig Thymian, Wacholderbeeren zufügen; Karotte, ein Stück Lauch und grob zerkleinerte Zwiebel hineingeben; eine dicke Scheibe Ingwer, einige Pfefferkörner, 1 Lorbeerblatt, Salz zugeben; etwa 1 1/2 Stunden köcheln und den Fond durch ein Sieb gießen.

Die Karpfenstücke in einen Topf geben; einen Schuß Weißwein zugießen; Rosenpaprika, Basilikumblättchen, fein gestiftete Karotten, getrockneten Thymian und den Fond zugeben und erwärmen; die Zutaten etwa 5 Minuten sieden lassen, bis die Fischstücke gar sind.
Varianten: Die Suppe mit Kuzu oder Kartoffelbrei andicken.
Dazu passt: Baguette und trockener Weißwein.

5.31 Klare Brühe aus Gänseklein

Stärkt Milz, Magen und Lunge, lindert Schwächezustände, stärkt Qi, beruhigt Magen. Bewegt Qi, leitet nach oben. Stärkt Milz und Leber, reguliert Qi-Fluss, befeuchtet, entspannt, baut Qi auf, verteilt.
Kalorien p. Portion 334
Kochdauer ca. 2-3 Stunden
Thermische Wirkung: warm

Menge	Zutaten		
500 g.	Gans (Gänseklein)	ja	M
1 Stück	Karotte (Mohrrübe, Möhre)	empfehlenswert	E
1 Stück	Zwiebel Schalotte	empfehlenswert	M
1 Stück	Lauch (Porree)	empfehlenswert	M
1 Zweig	Petersilie	empfehlenswert	H
1 Zweig	Liebstöckel	empfehlenswert	M
1 Prise	Kerbel	empfehlenswert	F
1 Liter	Wasser	ja	E
1 Prise	Salz	wenig	W

Kochanleitung:
Gänseklein mit Gemüse und Kräutern 2-3 Stunden köcheln. Durch ein feines Tuch sieben und abkühlen. Entfetten und im Kühlschrank aufbewahren.

5.32 Klare Ochsenschwanzsuppe mit Bocksdornfrüchten

Stärkt das Qi; nährt das Leber-Blut; bei Augenflimmern oder trockenen Augen, Muskelverspannungen oder Wadenkrämpfen durch Blut-Leere.
Kalorien p. Portion 217
Kochdauer ca. 1-2 Stunden (+Grundrezept)
Thermische Wirkung: warm

Menge	Zutaten		
1 Liter	Grundrezept für eine Rinderbrühe	ja	
500 g.	Rind Ochsenschwanzstücke	empfehlenswert	E
4-5 Stück	Shiitake, getrocknet	wenig	E
1 Stück	Zwiebel weiss	empfehlenswert	M
2 EL	Sake	wenig	M
1/2 TL	Ingwer frisch	empfehlenswert	M
1 EL	Bocksdornfrüchte (Fructus Lycii)	empfehlenswert	H

Kochanleitung:
Shiitakepilze einweichen. Ochsenschwanzscheiben blanchieren; dadurch werden Fett und Unreinheiten entfernt. In der Rinderbrühe weitere 1-2 Stunden kochen. Dann Frühlingszwiebeln, Shiitakepilze, Reiswein, Bocksdornfrüchte und Ingwer zugeben und alles sanft köcheln lassen.

5.33 Kompott aus Birnen

Stärkt das Lungen Qi. Ideal als Kur im Herbst
Kalorien p. Portion 122
Kochdauer ca. 10 Min.
Thermische Wirkung: kühl

Menge	Zutaten		
300 ml.	Wasser	ja	E
4 Stück	Birne	ja	E
1/2 TL	Anis (gemeiner Fenchel)	empfehlenswert	E
1 Prise	Vanilleschote	empfehlenswert	E
ganz wenig	Chili (Schote oder gemahlen)	ja	M
1 Prise	Kakao	empfehlenswert	F

Kochanleitung:
Birnen (BIO) mit Schale und Kernen mit Anis, Vanille, Chili weich kochen. Mit Kakao bestreuen.

5.34 Kompott aus Zwetschken

Erwärmt Magen und Milz, fördert Durchblutung und Leitbahnfluss, lindert Kälte-Übel und Schmerzen.
Kalorien p. Portion 22
Kochdauer ca. 10 Min.
Thermische Wirkung: warm

Menge	Zutaten		
100 g.	Zwetschken	empfehlenswert	H
2 Tassen	Wasser	ja	E
1 Prise	Zimtpulver	empfehlenswert	M

Kochanleitung:
Zwetschken im Wasser weich kochen. Mit etwas Zimt bestreuen.

5.35 Kürbiscurry

Stärkt Lunge und Milz, diuretisch, stärkt Qi, schützt Leber. Wärmt Magen und Milz, harmonisiert den Darm, stärkt Qi-Funktion, reduziert Feuchtigkeit. Befeuchtet, entspannt, baut Qi auf, verteilt. Nährt Blut und Leber, harmonisiert Leber und Milz.
Kalorien p. Portion 193
Kochdauer ca. 20 Min.
Thermische Wirkung: warm

Menge	Zutaten		
300 g.	Kürbis	empfehlenswert	E
2 EL	Olivenöl	wenig	E
1 Prise	Koriander	empfehlenswert	M
1 Prise	Pfeffer (gemahlen)	ja	M

1 Prise	Curry	ja	M
50 ml	Wasser	ja	E
1 Prise	Salz	wenig	W
1 EL	Petersilie	empfehlenswert	H
1 Prise	Kardamom	empfehlenswert	M
1 Prise	Kurkuma (Gelbwurz)	empfehlenswert	F
1/2 Tasse	Reis Vollkorn	empfehlenswert	M
3 Tassen	Wasser	ja	E
1 Prise	Salz	wenig	W

Kochanleitung:
Olivenöl in Pfanne erwärmen. Kürbis in Würfel geschnitten darin andünsten, würzen mit Koriander, Pfeffer und Curry, ablöschen mit wenig Wasser, mit Meersalz salzen, klein geschnittene Petersilie dazugeben mit Kardamom und Kurkuma würzen, auf kleinem Feuer ca. 10 Min. köcheln, je nach Kürbisart, der Kürbis sollte noch bissfest sein.

Den Reis im gesalzenen Wasser zustellen, aufkochen lassen und bei kleiner Hitze ca. 15 Min. Quellen lassen.

5.36 Kürbissuppe

Stärkt Lunge und Milz, diuretisch, stärkt Qi, schützt Leber. Stärkt Qi, stärkt Milz, lindert Entzündungen, befeuchtet, entspannt, baut Qi auf, verteilt. Stärkt Milz und Leber, reguliert Qi-Fluss, befeuchtet, entspannt, baut Qi auf, verteilt.
Kalorien p. Portion 104
Kochdauer ca. 1 Stunde
Thermische Wirkung: warm

Menge	Zutaten		
300 g.	Kürbis	empfehlenswert	E
2 Stück	Karotte (Mohrrübe, Möhre)	empfehlenswert	E
2 Stück	Kartoffel	ja	E
1 EL	Olivenöl	wenig	E
1 Stück	Zwiebel weiss	empfehlenswert	M
1 Tasse	Wasser	ja	E
1 EL	Petersilie	empfehlenswert	H
1 Prise	Anis (gemeiner Fenchel)	empfehlenswert	E
1 Prise	Salz	wenig	W

Kochanleitung:
Olivenöl in Pfanne geben, in Würfel geschnittener Kürbis, gewürfelte Karotten und Kartoffel dazugeben, kurz andünsten, klein geschnittene Zwiebel dazugeben, mit Wasser auffüllen, soviel Wasser, dass das Gemüse mind. 3 Fingerbreiten bedeckt ist, Aufkochen lassen und dann auf kleines Feuer stellen.
Mit Meersalz salzen, klein geschnittene Petersilie dazugeben, eine

Prise Anis (wenig), evt. noch nachwürzen. Alles zusammen ca. 35 Minuten köcheln lassen. Anschließend die Suppe pürieren und evt. nochmals Wasser dazugeben, je nach Konsistenz der Suppe.

5.37 Kuzusuppe in der Früh

Befeuchtet, entspannt, baut Qi auf, verteilt. Stärkt Magen, harmonisiert Mitte, reduziert innere Hitze, entgiftet, weicht auf, leitet nach unten.
Kalorien p. Portion 12
Kochdauer ca. 5 min.
Thermische Wirkung: neutral
Therapeutisches Rezept

Menge	Zutaten		
1 TL	Kuzu	ja	E
1/4 Liter	Wasser	ja	E
1 Schuß	Sojasauce	wenig	W
1 Messerspitze	Umeboshipaste	empfehlenswert	W

Kochanleitung:
Kuzu mit kaltem Wasser anrühren und unter Rühren zum Kochen bringen. Sobald es glasig wird vom Herd nehmen und abkühlen lassen. Mit Tamari und Umeboshipaste oder zerkleinerten Umeboshi-Pflaumen abschmecken

Es besteht immer die Möglichkeit Ihren Magen und Darm mit diesem Rezept vor dem richtigen Frühstück zu unterstützen.
Eine morgendliche Kur für Magen und Schleimhäute. Bringt den Basenhaushalt in Ordnung.

5.38 Linsen-Kastanien-Suppe mit Curry

Weicht auf, leitet nach unten. Stärken Niere, Gehirn und Jing, stärkt Magen, Milz, Nieren, Muskeln, Sehnen und Leber, befeuchtet, entspannt, baut Qi auf, verteilt, reguliert Qi-Fluss.
Kalorien p. Portion 176
Kochdauer ca. 45 Min. (+Grundrezept)
Thermische Wirkung: warm

Menge	Zutaten		
150 g.	Linsen rot	wenig	W
150 g.	Kastanien (Maronen)	empfehlenswert	E
1 EL	Olivenöl	wenig	E
2 TL	Curry	ja	M
1 TL	Kurkuma (Gelbwurz)	empfehlenswert	F
1/2 Liter	Grundrezept für eine Gemüsebrühe	empfehlenswert	
1/8 Liter	Weißwein	wenig	H
1 Prise	Salz Kräutersalz	empfehlenswert	W

1 Prise	Anis (gemeiner Fenchel)	empfehlenswert	E
1 Prise	Kardamom	empfehlenswert	M
2 EL	Petersilie	empfehlenswert	H

Kochanleitung:
Olivenöl in Pfanne geben, Kastanien darin kurz andünsten, Curry darüber streuen, Linsen dazugeben und mit Gemüsebrühe ablöschen, ganz wenig Weißwein dazugeben, Curcuma darunter mischen, Aufkochen und rund 20 Minuten köcheln lassen (bis die Kastanien weich sind).
Anschließend Suppe pürieren. Abschmecken mit: einer Prise Anis, Kardamom, Kräutersalz. Am Schluss klein geschnittene Petersilie darüber streuen.

5.39 Linsen-Reis-Eintopf

Stärkt Milz und Leber, reguliert Qi-Fluss, befeuchtet, entspannt, baut Qi auf, verteilt. Wärmt Magen und Milz, harmonisiert den Darm, stärkt Qi-Funktion, reduziert Feuchtigkeit. Bewegt Leber-Qi, kühlt Hitze.
Kalorien p. Portion 232
Kochdauer ca. 25 Min.
Thermische Wirkung: warm

Menge	Zutaten		
100 g.	Linsen (Helmbohnen)	wenig	W
5 Tassen	Wasser	ja	E
1 Tasse	Reis Sorte beliebig	empfehlenswert	M
1 EL	Sesamöl	empfehlenswert	E
2 Stück	Karotte (Mohrrübe, Möhre)	empfehlenswert	E
2 Stangen	Sellerie Stangensellerie	wenig	E
1 Prise	Cumin (Kreuzkümmel)	empfehlenswert	M
1 Prise	Salz	wenig	W
1 Schuß	Essig (Apfelessig)	wenig	H
2 EL	Petersilie	empfehlenswert	H

Kochanleitung:
Linsen einweichen; in einem heißen Topf Sesamöl erhitzen; Karotte und Stangensellerie klein schneiden und andünsten; Reis, eine Prise Cumin und Linsen dazugeben und aufkochen; wenn die Linsen weich sind, Salz zugeben; mit etwas Essig abschmecken und mit Petersilie garnieren.
Variante: Im Sommer kann man das Cumin weglassen und frische grüne Erbsen, Chinakohl oder Stangensellerie dazunehmen.

5.40 Nierenbohneneintopf mit Lamm und Salbei

Nähren Yin von Herz und Niere. Stärkt Milz- und Nieren-Yang, stärkt Qi, erwärmt Mittleren und Unteren Erwärmer. Löst Stagnation, leitet nach

oben. Befeuchtet, befeuchtet, entspannt, baut Qi auf, verteilt.
Kalorien p. Portion 391
Kochdauer ca. 1 1/2 Stunden
Thermische Wirkung: warm

Menge	Zutaten		
3 EL	Sojaöl	wenig	E
2 Stück	Zwiebel weiss	empfehlenswert	M
200 g	Lamm Fleisch	ja	F
4-5 Blätter	Salbei	wenig	F
1 Prise	Salz	wenig	W
1/2 TL	Rosmarin	empfehlenswert	F
1/2 TL	Thymian	empfehlenswert	W
250 g.	Nierenbohnen (rote)	wenig	W
3/4 Liter	Wasser	ja	E

Kochanleitung:
Nierenbohnen über Nacht in Wasser einweichen. In einem Topf Zwiebel mit Öl anrösten. Das Lamm in Würfel schneiden und in den Topf geben. Mit Salz, Salbei, Rosmarin und Thymian würzen. Lamm gut anrösten und Topf zudecken. Bei kleiner Flamme dünsten lassen und nach 10 min einen dreiviertel Liter kaltes Wasser dazu. Wieder etwas salzen. Zum Kochen bringen. Wenn das Wasser kocht, Bohnen dazu. Mind. 1 Stunde köcheln bis Bohnen und Fleisch weich sind.

5.41 Pinienkernemus

Baut Organe auf, ernährt Muskeln, befeuchtet, entspannt, baut Qi auf, verteilt.
Kalorien p. Portion 235
Kochdauer ca. 5 Min.
Thermische Wirkung: neutral
Therapeutisches Rezept

Menge	Zutaten		
3 - 4 EL	Pinienkerne	empfehlenswert	E

Kochanleitung:
In guten Reformhäusern erhältlich.

5.42 Polenta mit Pfirsich

Nährt Blut und Säfte, bewegt Blut, baut Qi auf, verteilt. Stärkt Magen-Qi, diuretisch, befeuchtet, entspannt, baut Qi auf, verteilt. Erwärmt Magen und Milz, fördert Durchblutung und Leitbahnfluss, lindert Kälte-Übel und Schmerzen.
Kalorien p. Portion 197
Kochdauer ca. 20 min
Thermische Wirkung: warm

Menge	Zutaten		
2 Tassen	Wasser	ja	E
1 Tasse	Mais Grieß (Polenta)	empfehlenswert	E
2-3 Stück	Pfirsich	ja	E
1 Prise	Vanilleschote	empfehlenswert	E
1 Prise	Chili (Schote oder gemahlen)	ja	M
1 Prise	Zimtpulver	empfehlenswert	M

Kochanleitung:
Die Polenta in einen Topf mit heißem Wasser unter ständigem Rühren einrieseln bis die Polenta die gewünschte Konsistenz hat. Die Polenta vom Feuer ziehen und ca 10 min quellen lassen.

Frische Pfirsiche waschen und in Viertel schneiden. In die fertige Polenta die Pfirsiche hineinschneiden, Vanille und nach Geschmack Chili dazugeben, umrühren und 3 min ziehen lassen.

Wintervariante: Eingelegtes Obst, Birne, Äpfel

5.43 Putenbrust mit Gemüse (Asiatisch)

Stärkt Qi, Blut und Jing, Mittleren Erwärmer, stärkt Essenz, zieht zusammen. Wärmt Magen und Milz, harmonisiert den Darm, stärkt Qi-Funktion, reduziert Feuchtigkeit. Reguliert Qi, wärmt Milz und Niere, löst Stagnation, leitet nach oben.
Kalorien p. Portion 535
Kochdauer ca. 45 Min.
Thermische Wirkung: warm

Menge	Zutaten		
1 Tasse	Reis Sorte beliebig	empfehlenswert	M
6 Tassen	Wasser	ja	E
200 g	Pute Brustfleisch	empfehlenswert	E
1 cm.	Ingwer frisch	empfehlenswert	M
1 Stück	Knoblauch	ja	M
2 EL	Sojasauce	wenig	W
2 TL	Weizen Mehl	wenig	H
2 Stück	Zwiebel Frühlingszwiebel	empfehlenswert	M
1/2 Stück	Paprika	ja	E
8 Stück	Champignon	wenig	E
2 EL	Sesamöl	empfehlenswert	E
1 EL	Sojasauce	wenig	W
1 Prise	Curry	ja	M
1 Prise	Kurkuma (Gelbwurz)	empfehlenswert	F
1 Prise	Chili (Schote oder gemahlen)	ja	M
2 TL	Cashewnüsse	wenig	E

Kochanleitung:
Reis mit dem Salzwasser zustellen und garen.
Das Putenfleisch in schmale Streifen schneiden. Ingwer und Knoblauch schälen und würfeln. Zusammen mit den Fleischstreifen in eine Schüssel geben. 1 EL Sojasoße mit der Weizenstärke vermischen und glattrühren. Danach über das Fleisch geben und alles 30 Minuten marinieren. Frühlingszwiebeln und Paprika waschen, putzen und in kleine Stücke schneiden. Die Champignons putzen und vierteln.
Einen EL des Sesamöls in eine beschichtete Pfanne geben und das marinierte Putenfleisch scharf anbraten und warm stellen. Nun das restliche Öl in die Pfanne geben und das andere Gemüse darin anbraten. Nun das Fleisch dazugeben und mit Sojasoße und den Gewürzen abschmecken. Mit dem Reis anrichten. Die Cashewkerne vor dem Servieren über das Gericht streuen.

5.44 Quinoa mit Pfirsich

Nährt Blut und Säfte, bewegt Blut, baut Qi auf, verteilt. Stärkt Qi, trocknet aus, leitet nach unten. Stärkt Mittleren Erwärmer, befeuchtet.
Kalorien p. Portion 247
Kochdauer ca. 20 min.
Thermische Wirkung: warm

Menge	Zutaten		
1 Tasse	Quinoa	ja	F
2 Tassen	Wasser	ja	E
2 TL	Honig	wenig	E
2 Stück	Pfirsich	ja	E
2 TL	Leinöl	wenig	E
1 TL gehackte	Zitronenmelisse (frisch)	empfehlenswert	M
1 Prise	Chili (Schote oder gemahlen)	ja	M
1 Prise	Zimtpulver	empfehlenswert	M
1 Prise	Vanille	empfehlenswert	E

Kochanleitung:
Am Abend: Quinoa in heißes Wasser und zugedeckt 15 bis 20 weich kochen.
In der Früh: Quinoa mit 1 El Wasser aufwärmen.
Pfirsiche in einem Topf leicht dünsten oder frisch dazu geben. Mit frischer Zitronenmelisse dekorieren.

Sommer: Nektarinen, Marillen
Winter: Eingelegtes Obst, Birne, Äpfel

5.45 Rasche Flocken mit Kompott oder Marmelade

Stärkt Qi, trocknet aus, leitet nach unten. Stärkt Mittleren Erwärmer, befeuchtet. Befeuchtet, entspannt, baut Qi auf, verteilt. Stärken Nieren-Qi, -Essenz und Gehirn, stärkt Niere. Wärmt Mitte.
Kalorien p. Portion 231
Kochdauer ca. 5 min.
Thermische Wirkung: warm

Menge	Zutaten		
5–7 EL	Quinoa	ja	F
1/4 Liter	Wasser	ja	E
1 Tasse	Kirschenkompott	empfehlenswert	E
1 EL gerieben	Walnüsse	empfehlenswert	E
1 EL	Olivenöl	wenig	E
2 EL	Honig	wenig	E
1 Prise	Vanille	empfehlenswert	E
1 Prise	Anis (gemeiner Fenchel)	empfehlenswert	E
1 Prise	Kardamom	empfehlenswert	M
1 Prise	Chili (Schote oder gemahlen)	ja	M

Kochanleitung:
Flocken in eine Pfanne geben und mit Wasser aufgießen. 3-5 Minuten aufkochen, vom Feuer ziehen, Nüsse und Kompott dazugeben. Ein Schuß Öl dazugeben. Süßen nach Bedarf mit Honig, Vollrohrzucker oder Agavendicksaft.
Gewürze und Aromen : Vanille, Anis, Fenchel oder Koriander, Kardamom, wenig Chili
Winter: Apfelkompott, Birnenkompott, Früchtemarmelade
Sommer: Zwetschkenkompott, Marillenkompott

5.46 Reis mit Pastinake

Reguliert Qi, trocknet aus, leitet nach unten. Wärmt Magen und Milz, harmonisiert den Darm, stärkt Qi-Funktion, reduziert Feuchtigkeit. Befeuchtet, entspannt, baut Qi auf, verteilt. Vertreibt Schleim, leitet nach unten, Aktiviert Wei Qi, stärkt Qi.
Kalorien p. Portion 206
Kochdauer ca. 45 Min.
Thermische Wirkung: kühl

Menge	Zutaten		
1 Tasse	Reis Sorte beliebig	empfehlenswert	M
2 Tassen	Wasser	ja	E
1 PriseSalz	wenig		W
3-4 Stück	Pastinake	empfehlenswert	F
1 EL	Olivenöl	wenig	E
1 TL	Salbei	wenig	F

Kochanleitung:
Pastinake schälen und in Scheiben schneiden. Kurz in Öl anbraten. Reis hinzugeben und kurz anbraten. Mit Wasser übergießen und mind. 30 min. kochen lassen. Mit wenig frischem gehacktem Salbei bestreuen.

5.47 Reis Pesto mit Pinienkerne

Wärmt Magen und Milz, harmonisiert den Darm, stärkt Qi-Funktion, reduziert Feuchtigkeit. Baut Organe auf, ernährt Muskeln, befeuchtet, entspannt, baut Qi auf, verteilt. Befeuchtet, entspannt, baut Qi auf, verteilt.
Kalorien p. Portion 274
Kochdauer ca. 30 Min.
Thermische Wirkung: warm

Menge	Zutaten		
2 Tassen	Reis Sorte beliebig	empfehlenswert	M
1 Liter	Wasser	ja	E
4 große Zehen	Knoblauch	ja	M
1 Handvoll	Basilikum	empfehlenswert	M
3 EL	Pinienkerne	empfehlenswert	E
2 EL	Olivenöl	wenig	E

Kochanleitung:
Den Reis mit gut 1 l Wasser kochen. Den geschälten Knoblauch im Mörser fein zerdrücken oder mit einem Handmixer pürieren. Die Basilikumblätter zufügen und fein zerstampfen, danach die Pinienkerne etwas gröber pürieren. Zuletzt das Öl nach und nach zugeben, bis sich eine dicke Paste bildet. Die Pestosauce mit dem fertigen Reis mischen.

5.48 Reisbrei mit Frühlingszwiebel

Wärmt Magen und Milz, harmonisiert den Darm, stärkt Qi-Funktion, reduziert Feuchtigkeit. Reguliert Qi, wärmt Milz und Niere, löst Stagnation, leitet nach oben.
Kalorien p. Portion 177
Kochdauer ca. 25 Min.
Thermische Wirkung: warm

Menge	Zutaten		
1 Tasse	Reis Sorte beliebig	empfehlenswert	M
4 Tassen	Wasser	ja	E
2 EL	Zwiebel Frühlingszwiebel	empfehlenswert	M

Kochanleitung:
Reis mit dem Wasser kochen bis ein Brei entsteht. Zwiebel fein schneiden und weitere 5 min. ziehen lassen.

5.49 Reis-Congee mit Honigbirne und schwarzem Sesam

Speziell bei Nieren Yin Mangel. Befeuchtet Lunge, kühlt Hitze, reduziert Lungenschleim, produziert Körpersäfte, befeuchtet, entspannt, baut Qi auf, verteilt. Befeuchtet Darm, nährt Yin.
Kalorien p. Portion 158
Kochdauer ca. 10 Min. (+Grundrezept)
Thermische Wirkung: neutral

Menge	Zutaten		
2 Tassen	Grundrezept für eine Reissuppe	empfehlenswert	
2 Stück	Birne	ja	E
1 TL	Sesam, Schwarzer	empfehlenswert	H

Kochanleitung:
Reis-Congee nach Grundrezept kochen oder vorbereiteten verwenden.

Topf mit 3 cm Wasser befüllen und aufkochen lassen. Birnen vierteln (mit Haut und Kerne) und hineingeben und mit schwarzem Sesam 10 min zugedeckt köcheln lassen. Mit dem Reis mischen.

5.50 Reis-Congee mit Hühnerleber und Bocksdornfrüchten

Wärmt Magen und Milz, harmonisiert den Darm, stärkt Qi-Funktion, reduziert Feuchtigkeit. Nährt Leber-Blut, nährt und stärkt Leber, stärkt Niere, stärkt Blut, macht Augen klar.
Kalorien p. Portion 175
Kochdauer ca. 3 Stunden
Thermische Wirkung: warm

Menge	Zutaten		
5 Tassen	Grundrezept für eine Reissuppe	empfehlenswert	
1/2 Tasse	Huhn Leber	ja	E
1/2 Tasse	Bocksdornfrüchte (Fructus Lycii)	empfehlenswert	H
1 Schuß	Sojasauce	wenig	W

Kochanleitung:
Grundrezept für Reis-Congee kochen, Hühnerleber und Bocksdornfrüchte mitkochen; mit Sojasoße abschmecken.

5.51 Reis-Congee mit zerstoßenen Walnüssen

Nährend und leicht erwärmend, erwärmt die Mitte baut Qi auf. Wärmt Magen und Milz, harmonisiert den Darm, stärkt Qi-Funktion, reduziert Feuchtigkeit.
Kalorien p. Portion 406

Kochdauer ca. 2 Stunden und mehr
Thermische Wirkung: warm

Menge	Zutaten		
4 Tassen	Grundrezept für eine Reissuppe	empfehlenswert	
2-3 EL	Zucker Ursüße (Zuckerrohr) süß	wenig	E
1 Tasse	Walnüsse	empfehlenswert	E
1 Prise	Zimtpulver	empfehlenswert	M

Kochanleitung:
Grundrezept für Reissuppe (Congee) kochen
Hinweis: Die Walnüsse können von Anfang an mitgekocht werden.
Variante: Nach Belieben mit süßen oder pikanten Zutaten verfeinern. Insbesondere Zimt, Nelken, und Ingwer erhöhen die erwärmende Wirkung und die Bekömmlichkeit.

5.52 Reis-Dulse-Suppe

Stärkt Milz und Leber, reguliert Qi-Fluss, entspannt, baut Qi auf, verteilt. trocknet aus, leitet nach unten. Stärkt Magen-Qi. Wärmt Magen und Milz, harmonisiert den Darm, stärkt Qi-Funktion, reduziert Feuchtigkeit.
Kalorien p. Portion 190
Kochdauer ca. 5 min (+Grundrezept)
Thermische Wirkung: warm

Menge	Zutaten		
4 Tassen	Grundrezept für eine Reissuppe	empfehlenswert	
1/2 Liter	Grundrezept für eine Gemüsebrühe	empfehlenswert	
2 EL	Dulse (Lappentang)	empfehlenswert	W

Kochanleitung:
Eine Portion vorgekochtes Grundrezept für eine Reissuppe (Congee) mit vorgekochtes Grundrezept für eine Gemüsebrühe nahrhaft aufwärmen.

Dulse im Backofen bei 220 Grad 3 Min. backen. Die knusprige Dulse über die Suppe streuen.

5.53 Reisnudelsuppe mit Shiitakepilzen

Stärkt Milz und Leber, reguliert Qi-Fluss, entspannt, baut Qi auf, verteilt. trocknet aus, leitet nach unten. Stärkt Magen-Qi. Nährt Yin von Lunge, Magen und Dickdarm, unterstützt die Verdauung. Reduziert inneren Wind
Kalorien p. Portion 65
Kochdauer ca. 20 Min. (+Grundrezept)
Thermische Wirkung: neutral

Menge	Zutaten		
2 Handvoll	Reisnudeln	ja	M
4-6 Stück	Shiitake, getrocknet	wenig	E
2 Tassen	Grundrezept für eine Gemüsebrühe	empfehlenswert	
1 Tasse	Chinakohl	ja	E
1 TL	Liebstöckel	empfehlenswert	M
2 EL	Miso	wenig	W

Kochanleitung:
Reisnudeln und Shiitakepilze getrennt in kaltem Wasser einweichen. Gemüsebrühe erhitzen und eingeweichte, in Streifen geschnittene Shiitakepilze zugeben und sanft köcheln. Chinakohl nudelig schneiden, Liebstöckelgrün und Reisnudeln dazugeben und kurz ziehen lassen. Vor dem Servieren in etwas abgekühltem Kochwasser gelöstes Miso einrühren.

Empfehlung: Geeignet zu Beginn jeder Mahlzeit, auch zum Frühstück

5.54 Rindfleisch mit Rotwein

Stärkt Milz-Qi, stärkt Blut und Qi, befeuchtet, entspannt, baut Qi auf, verteilt. Trocknet aus, leitet nach unten. Befeuchtet, entspannt, baut Qi auf, verteilt. Trocknet aus, leitet nach unten, Aktiviert Wei Qi.
Kalorien p. Portion 201
Kochdauer ca. 2 Stunden und mehr
Thermische Wirkung: warm
Therapeutisches Rezept

Menge	Zutaten		
1/2 Kg.	Rind Filet	empfehlenswert	E
1/4 Liter	Rotwein	wenig	F
3 Stück	Sternanis	empfehlenswert	M
1 TL	Wacholderbeere	empfehlenswert	F
6 Stück	Marillen getrocknet	ja	E
1 Prise	Salz	wenig	W
1/4 Liter	Wasser	ja	E

Kochanleitung:
Rindfleisch klein schneiden, mit Rotwein übergießen. Sternanis, Wacholder fein zerstoßen und dazugeben. Marillen halbieren und dazugeben. 2 Stunden marinieren. In einen Topf geben, salzen und 1 Stunde köcheln. Bei Bedarf etwas Wasser dazugeben.

5.55 Rindfleischsalat

Stärkt Milz-Qi, stärkt Blut und Qi, baut Qi auf, verteilt. Erwärmt Magen, befeuchtet, entspannt, baut Qi auf, verteilt. Löst Stagnation, leitet nach oben.

Kalorien p. Portion 249
Kochdauer ca. 10 Min.
Thermische Wirkung: warm

Menge	Zutaten		
50 g.	Rind Fleisch	empfehlenswert	E
20 g.	Zwiebel weiss	empfehlenswert	M
30 g.	Paprika	ja	E
30 g.	Gurke (Gewürzgurke)	empfehlenswert	E
2 TL	Essig (Apfelessig)	wenig	H
2 TL	Rapsöl	wenig	E
1 Prise	Salz	wenig	W
1 Prise	Pfeffer (gemahlen)	ja	M
1 EL	Lauchzwiebel Schnittlauch	empfehlenswert	M
2 Scheiben	Brot mit Johannisbrotkernmehl	empfehlenswert	

Kochanleitung:
Das Fleisch mit dem Grundrezept einer Rinderbrühe kochen und auskühlen lassen. In ca. 1 cm große Scheiben schneiden. Zwiebeln in Ringe, Paprikaschote und Gewürzgurke in kleine Würfel schneiden. Alle Zutaten mischen. Salatmarinade herstellen und darüber gießen, abschmecken und durchziehen lassen.

5.56 Rindfleischsuppe mit Karotten, Lauch, Lorbeer

Stärkt Milz-Qi, stärkt Blut und Qi, befeuchtet, entspannt, baut Qi auf, verteilt. Stärkt Milz und Leber, reguliert Qi-Fluss. Stärkt Magen-Qi.
Kalorien p. Portion 194
Kochdauer ca. 2-3 Stunden
Thermische Wirkung: warm

Menge	Zutaten		
1/2 Kg.	Rind Fleisch	empfehlenswert	E
2 Stück	Karotte (Mohrrübe, Möhre)	empfehlenswert	E
1/2 Stück	Lauch (Porree)	empfehlenswert	M
3 Blätter	Lorbeerblatt	empfehlenswert	M
1 EL	Mais Grieß (Polenta)	empfehlenswert	E
1/2 Liter	Wasser	ja	E
1 Prise	Salz	wenig	W

Kochanleitung:
Wenig kaltes Wasser aufsetzen (soviel, dass das Fleisch eben bedeckt wird); Rindersuppenfleisch oder Beinscheibe zum Kochen bringen und einen Moment sieden lassen; dann die Brühe weggießen, das Fleisch mit heißem Wasser abbrausen (dadurch erspart man sich das Abschäumen), den Topf säubern und erneut das Fleisch in heißem Wasser aufsetzen; kleingeschnittene Karotte, Lauch, den Mais und Lorbeer hinzugeben; köcheln, bis das Fleisch gar ist.

5.57 Schwarzaugenbohnen-Eintopf

Stärkt Milz und Niere; ist sehr nahrhaft. Wärmt Magen und Milz, harmonisiert den Darm, stärkt Qi-Funktion. Stärken Magen und Niere, stärkt Milz und Niere.
Kalorien p. Portion 140
Kochdauer ca. 20 Min.
Thermische Wirkung: warm

Menge	Zutaten		
1 Tasse	Schwarzaugenbohnen	wenig	W
2 Tassen	Reis Sorte beliebig	empfehlenswert	M
10 Tassen	Wasser	ja	E

Kochanleitung:
Bohnen über Nacht einweichen. In einem Verhältnis von 1:2 die Bohnen mit dem Reis zusammen weich köcheln. Je nachdem, wie heiß die Flamme ist und wie dünn das Gericht sein soll, muss mehr Wasser hinzugefügt werden.
Variante: In Öl angebratene Gemüse wie Karotten, Sellerieknolle, Zwiebeln oder Lauch dazugeben.

5.58 Selleriesaft

Stärkt Magen-Qi, befeuchtet, entspannt, baut Qi auf, verteilt.
Kalorien p. Portion 33
Kochdauer ca. 5 Min.
Thermische Wirkung: kühl

Menge	Zutaten		
1/2 Stück	Sellerie Knolle	empfehlenswert	E
1 Tasse	Wasser	ja	E
1 Prise	Salz	wenig	W

Kochanleitung:
Seller Knolle entsaften und mit Wasser mischen und nach Bedarf salzen.

5.59 Süsskartoffelpuffer mit Basilikum-Pesto

Stärkt Qi, Blut, Yin und Jing.
Kalorien p. Portion 625
Kochdauer ca. 30 Min.
Thermische Wirkung: warm

Menge	Zutaten		
4 Stück	Süßkartoffel	ja	E
1/2 Stück	Zwiebel rot	empfehlenswert	M
1 EL	Basilikum	empfehlenswert	M
2 Stück	Huhn Ei	ja	E

80 g.	Dinkel Vollkornmehl	empfehlenswert	H
1 Prise	Salz	wenig	W
60 ml.	Olivenöl	wenig	E
1 TL (grobes)	Salz	wenig	W
1 Handvoll	Basilikum	empfehlenswert	M
1 Handvoll	Petersilie	empfehlenswert	H
2 Zehen	Knoblauch	ja	M
60 g.	Walnüsse	empfehlenswert	E
2 EL	Olivenöl	wenig	E

Kochanleitung:
Süßkartoffelpuffer: Die Süßkartoffel gründlich waschen, aber nicht schälen und in eine große Schüssel raspeln. Zwiebel, Basilikum, Ei und Mehl zugeben, alles gut miteinander vermengen und dann etwas Salz drüberstreuen. Die Mischung ist locker, lässt sich aber zu Puffern formen. Im vorgeheizten Rohr auf einem mit Öl bestrichenen Backblech von beiden Seiten jeweils 4 bis 5 Minuten backen.
Basilikum-Pesto: Das Salz, die kleingehackten Basilikum und Petersilie sowie den gequetschten Knoblauch in einer kleinen Schüssel mit einem Löffel verreiben (wenn vorhanden den Mörser verwenden). Die geriebenen Walnüsse dazugeben. Unter ständigem Rühren soviel Olivenöl zumengen, bis die gewünschte Konsistenz erreicht wird.

5.60 Tafelspitz nach klassischer Art

Stärkt Milz-Qi, stärkt Blut und Qi, befeuchtet, entspannt, baut Qi auf, verteilt. Stärkt Qi, stärkt Milz, lindert Entzündungen, befeuchtet.
Kalorien p. Portion 453
Kochdauer ca. 3 Stunden
Thermische Wirkung: warm

Menge	Zutaten		
1 Stück	Zwiebel weiss	empfehlenswert	M
1 EL	Maiskeimöl	empfehlenswert	E
3 1/2 l.	Wasser	ja	E
2 Kg Tafelspitz	Rind Fleisch	empfehlenswert	E
4-6 Scheiben	Rind Fleischknochen mit Mark	ja	E
1 Prise	Salz	wenig	W
15 Stk.	Pfeffer Körner	ja	M
1 Stück	Pastinake	empfehlenswert	F
2 Stück	Karotte (Mohrrübe, Möhre)	empfehlenswert	E
1 Scheibe	Sellerie Knolle	empfehlenswert	E
2 Stück	Petersilienwurzel	ja	E
1/2 Stange	Lauch (Porree)	empfehlenswert	M
1 EL gehackte	Lauchzwiebel Schnittlauch	empfehlenswert	M
1 Kg	Kartoffel	ja	E
2 EL	Sonnenblumenöl	wenig	E
1 Prise	Salz	wenig	W

Kochanleitung:
Zwiebeln halbieren, aber nicht schälen. Zwiebeln in einer Pfanne mit Fett an den Schnittflächen sehr dunkel bräunen. Fleisch und Knochen kurz mit warmen Wasser waschen, abtropfen lassen.
Wasser aufkochen, Fleisch einlegen und schwach wallend kochen. Aufsteigenden Schaum ständig abschöpfen. Sobald kein Schaum mehr aufsteigt, Pfefferkörner und die Zwiebel zugeben. Wurzelwerk und Lauch putzen und nach ca. zweieinhalb Stunden Garzeit zugeben. Tafelspitz noch eine weitere halbe Stunde köcheln lassen.
Tafelspitz aus der Suppe heben, durch ein Sieb gießen und mit Salz abschmecken. Wurzelwerk in mundgerechte Stücke schneiden.
Gemeinsam mit den Markknochen in die Suppe geben und unter dem Siedepunkt ziehen lassen. Tafelspitz gegen den Faserlauf in fingerdicke Scheiben schneiden, in die Suppe legen, nochmals erhitzen, mit ein wenig Schnittlauch bestreuen.
Nebenbei die Kartoffeln in Salzwasser garen und schälen. Grob stampfen oder feinwüfelig schneiden. In einer Pfanne mit dem Öl knusprig anbraten.

5.61 Tee Anis-Tee

Wärmt Mitte, stärkt Magen und Milz, erwärmt Magen, reduziert Kälte-Übel, harmonisiert Magen-Qi, erwärmt Niere.
Kalorien p. Portion 2
Kochdauer ca. 15 Min.
Thermische Wirkung: warm
Therapeutisches Rezept

Menge	Zutaten		
1 TL	Anis (gemeiner Fenchel)	empfehlenswert	E
1/2 Liter	Wasser	ja	E

Kochanleitung:
Wasser zum sieden bringen und wegstellen. Anis dazugeben und 10 min. ziehen lassen. Ev. mit Honig süßen. durch ein Teesieb schütten
Um eine heilsame Wirkung zu erzielen, sollte man pro Tag 2 Tassen Anis-Tee trinken.

5.62 Tee aus roten Datteln

Nährt Blut, fördert den Aufbau von Qi und Blut, befeuchtet Lunge, produziert Körpersäfte, stärkt Milz und Magen.
Kalorien p. Portion 12
Kochdauer ca. 10 Min.
Thermische Wirkung: warm
Therapeutisches Rezept

Menge	Zutaten		
2-4 Stück	Datteln getrocknet	empfehlenswert	E
1/2 Liter	Wasser	ja	E

Kochanleitung:
Wasser zum sieden bringen und wegstellen. Gehackte Datteln dazugeben und 10 min. ziehen lassen. Ev. mit Honig süßen. Beim eingießen abseihen.

5.63 Tee Wacholderbeeren

Trocknet aus, leitet nach unten, Aktiviert Wei Qi.
Kalorien p. Portion 10
Kochdauer ca. 10 Min.
Thermische Wirkung: warm

Menge	Zutaten		
1 TL	Wacholderbeere	empfehlenswert	F
1 Tasse	Wasser	ja	E

Kochanleitung:
Ein Teelöffel getrocknete Wacholderbeeren für eine Tasse Tee. Kalt ansetzen und kurz aufkochen. 15 Minute ziehen lassen, dann abseihen. Dieser Tee wird ungesüßt und schluckweise, langsam getrunken. Die Menge reicht für einen Tag.

5.64 Wärmende Karottensuppe

Stärkt Qi und wärmt Yang.
Kalorien p. Portion 133
Kochdauer ca. 30 min (+Grundrezept)
Thermische Wirkung: warm

Menge	Zutaten		
4 Stück	Karotte (Mohrrübe, Möhre)	empfehlenswert	E
2 EL	Walnussöl	wenig	E
2 Stück	Zwiebel Schalotte	empfehlenswert	M
1/2 TL	Anis (gemeiner Fenchel)	empfehlenswert	E
1 Prise	Muskatnuss	empfehlenswert	M
1/2 TL	Ingwer frisch	empfehlenswert	M
1 Prise	Salz	wenig	W
1/2 Liter	Grundrezept für eine Gemüsebrühe	empfehlenswert	
1 EL	Petersilie	empfehlenswert	H

Kochanleitung:
In einem heißen Topf Walnussöl erhitzen und Zwiebeln anbraten; Karotten darin dünsten; Anis, Muskat, etwas Ingwer, Salz hinzufügen und alles weiter anbraten; Wasser oder Gemüse- bzw. Fleischbrühe zugeben; alles weich kochen und dann pürieren; am Ende Petersilie unterheben.

5.65 Wärmender Haferflockenbrei

Stärkt Qi und Abwehrkraft.
Kalorien p. Portion 357
Kochdauer ca. 10 Min.
Thermische Wirkung: warm

Menge	Zutaten		
6 EL	Hafer Flocken (Vollkorn)	empfehlenswert	M
3 Stück	Feige getrocknet	ja	E
1 Stück	Sternanis	empfehlenswert	M
1 Prise	Ingwer frisch	empfehlenswert	M
1 Tasse	Wasser	ja	E
1 EL	Ahornsirup	wenig	E
1 EL gehackte	Walnüsse	empfehlenswert	E

Kochanleitung:
Trockenfrüchte einweichen. Haferflocken trocken anrösten; Trockenfrüchte, Sternanis oder Zimt, etwas geriebenen Ingwer dazugeben und alles mit Wasser zu einem Brei kochen. Mit Ahornsirup süßen. Walnüsse rösten und vor dem Servieren drüberstreuen.
Wirkung: Eignet sich gut für die kalte Jahreszeit.

6 Wirkung der Lebensmittel

6.1 Zutaten verwenden: empfehlenswert

Aal geräuchert 291
Acaipulver 393
Acerola Fruchtnektar oder Pulver 35
Agavendicksaft 312
Aloesaft .... -
Amaranth POPS 374
Andornkraut .... -
Angelikawurzel .... -
Anis (gemeiner Fenchel) 378
Apfelmus 72
Aprikose getrocknet 249
Aprikosen Marmelade 272
Aprikosennektar 58
Astronautenkost 418
Austernschalenpulver .... -
Backpulver 156
Baldrian .... -
Banchatee .... -
Bärentraubenblätter .... -

Bärlauch (Knoblauchspinat) .... -
Barsch 121
Basilikum 27
Basilikum (frisch) 27
Beeren der Saison .... -
Benediktendistel .... -
Berberitzenrindetee .... -
Bier (alkoholarm) 55
Bier (alkoholfrei) 26
Bitter Lemon 52
Bitterklee .... -
Bitterlikör .... -
Bitterorangenschale .... -
Blätterteig 418
Blütenpollen .... -
Bocksdornfrüchte (Fructus Lycii) getrocknet 73
Bockshornklee .... -
Bohnen (grün, frisch) 35
Bohnenkraut 50
Borretsch 21
Boxhornkleesamen .... -
Brennnessel 24
Brie 335
Brombeerblätter .... -
Brombeere getrocknet (unreife) .... -
Brombeermarmelade 267
Brösel (Weizenbrot, Semmel) 263
Brot mit Johannisbrotkernmehl 222
Brötchen (Semmel) 263
Buchweizen (geröstet) Kasha .... -
Buchweizen Vollkorn 351
Butter (halbfett) 3.830
Butterschmalz 897
Camembert 288
Campari .... -
Chana-Dal .... -
Chenpi (chinesische Mandarinenschale) .... -
Chrysanthemenblütentee .... -
Colagetränk 60
Colagetränk (kalorienarm) 4
Cranberrys 53
Cumin (Kreuzkümmel) 411
Curcuma (Gelbwurz) .... -

Dashi	167
Datteln getrocknet	325
Datteln rot	143
Dill	43
Dinkel Brot	337
Dinkel Grieß	337
Dinkel Vollkornmehl	337
Dornhai (Seeaal, Schillerlocken)	154
Dorsch	96
Dulse (Lappentang)	246
Edamer	354
Eibennuss	-
Eibisch	-
Emmentaler	398
Entenei	186
Enziantee	-
Enzianwurzel	-
Erdbeermarmelade	268
Erdnuss (geröstet)	629
Erdnussbutter	611
Essig Aceto Balsamico weiss	21
Essiggurke	16
Färberdistel (Hong Hua)	-
Färberginsterkraut	-
Fenchel	31
Fernet Branca (Kräuterbitterlikör)	-
Feta	236
Fisch Innereien	-
Fischsauce	30
Fischstücke gemischt (Süßwasser)	100
Flohsamen	10
Flunder	117
Forelle	105
Forelle (geräuchert)	120
Frischkäse aus Soja	363
Frischkäse mit Kräuter	341
Früchtetee	1
Fruchtzucker (Fruktose, Traubenzucker)	406
Gagelpflaume	-
Galgant	-
Gans (Gänseschmalz)	900
Gänseblümchen	-
Gänseblut	-

Garam Masala Pulver .... -
Gelatine weiss .... -
Gelee Royal .... -
Gerste (Perlgerste) 354
Gerstengras Pulver 371
Gerstengraupen 350
Gerstengrütze 314
Gerstenmalz 291
Gerstenmehl 354
Getreidekaffee .... -
Ginkgofrucht .... -
Ginseng .... -
Ginsenglikör .... -
Ginsengwurzel .... -
Glühweingewürzmischung .... -
Gorgonzola 356
Gouda 365
Grapefruit getrocknete Schale .... -
Graskarpfen .... -
Grundrezept für eine Fischbrühe 82
Grundrezept für eine Gemüsebrühe nahrhaft 19
Grundrezept für eine Hühnerbrühe wärmend 39
Grundrezept für eine Reissuppe (Congee) 50
Grundrezept für eine Rinderbrühe .... -
Guave .... -
Gurke (bitter) 12
Gurke (Gewürzgurke) 13
Hafer Flocken (Vollkorn) 399
Hafer Flocken geröstet 353
Hafer Mehl 388
Hafer Milch 45
Hafer Schmelzlocken (Babynahrung) 399
Hafer Schrot 389
Hagebutte 246
Hase, wild 113
Haselnüsse 656
Hefe 313
Heidelbeere getrocknet 72
Heidelbeermarmelade 271
Heilbutt 101
Hibiskustee .... -
Hijiki 139
Himbeerblättertee .... -

Himbeermarmelade	269
Hirsch Fleisch	112
Hirsch Knochen	-
Hirsch Nieren	-
Hokkaidokürbis	27
Holunderbeeren	53
Honigwein (Met)	110
Hopfen	-
Huhn Blut	-
Huhn Eigelb	354
Huhn Eiweiß	50
Huhn Fleisch	102
Hüttenkäse	103
Ingwer frisch	49
Ingweröl	-
Jakobstränen	-
Jasminblütentee	-
Joghurt Vanille	68
Johannisbeermarmelade (rot)	272
Johannisbeermarmelade (schwarz)	278
Johannisbeernektar (schwarz)	70
Johannisbrotkernmehl	60
Kaffeeweißer	549
Kakao	372
Kaki-Pflaume	71
Kaktusfeige	-
Kalmus	-
Kamillentee	-
Kaninchen Fleisch	154
Kapern (eingelegt)	23
Kapuzinerkresse	-
Kardamom	360
Karotte (Frühkarotte)	21
Karotte (Mohrrübe, Möhre)	41
Karottensaft ohne Zucker	41
Karpfen	127
Kartoffel (mehlige)	68
Kartoffelmehl	-
Käsepappeltee	-
Kastanien (Maronen)	173
Kastanien Püree (Maronen)	173
Kerbel	-
Kerbel getrocknet	209

Kirsche (sauer)	53
Kirschenkompott	85
Klementine	33
Knäckebrot	358
Kohlrabi	31
Kohlrübe	22
Kokosfett	894
Kokosnussfleisch	367
Kompott (Früchte der Saison)	-
Koriander	321
Korinthen (rot)	21
Korinthen (schwarz)	28
Krake	-
Kräuter bittere	-
Kräuterteemischung	1
Kukichatee	-
Kümmel	333
Kümmel gemahlen	333
Kürbis	27
Kürbiskerne	597
Kurkuma (Gelbwurz)	376
Lachs	130
Lauch (Porree)	75
Lauchzwiebel Schnittlauch	27
Laugengebäck	340
Lavendelblüten	-
Leberglättertee	-
Leinsamen	-
Leinsamen (geschrotet)	372
Liebstöckel	42
Liebstöckelsamen	-
Lilienzwiebel	-
Lindenblütentee	-
Löffelbiskuit	416
Loquate/Japanische Mispel	47
Lorbeerblatt	313
Lotossamen	-
Lotoswurzeln	-
Löwenzahnsaft	-
Luohan-Frucht	-
Lycheelikör	-
Magermilchpulver	367
Mais (geröstet)	-

Mais (Schnellpolenta) 330
Mais Grieß (Polenta) 345
Mais Mehl (Maizena) 368
Maishaartee .... -
Maiskeimöl 899
Maisstärke 370
Majoran 46
Makannasternsamen .... -
Malzbier 48
Mandeln 640
Mangosaft 50
Maniokmehl 337
Marillensaft 58
Martini .... -
Mascarpone 434
Mayonnaise 50% 482
Mayonnaise 80% 744
Mehrkornbrot (Graubrot) 211
Mirabelle 67
Miso schwarz (fermentiert) 124
Mispel 42
Mixed Pickels 1
Molke 25
Moosbeere 48
Mu-Erh-Pilz .... -
Muskatnuss 518
Müsli 359
Nektarine 56
Nelke 322
Nori, Purpurtang, Rotalge 40
Nudeln (Vollkorn) mit Ei 102
Nudeln (Weizen) mit Ei 353
Nudeln (Weizen, Bandnudeln) mit Ei 353
Nudeln (Weizen, Lasagneblätter) mit Ei 353
Nudeln (Weizen, Spagetti) mit Ei 353
Obstmischung Fruchtsaft 63
Odermennig .... -
Oliven grün 144
Orange abgeriebene Schale .... -
Orange getrocknete Schale .... -
Orange Schale .... -
Orangenblüten .... -
Orangenmarmelade 273

Oregano frisch	68
Oregano getrocknet	306
Palmöl	898
Paprika (Rosenpaprika)	24
Paprika (süß)	24
Paranuss	703
Passionsblumenblütentee	-
Passionsfrucht (Maracuja)	79
Pastinake	22
Peperoni	20
Peperoni, gelb, entkernt, halbiert	-
Peperoni, rot, entkernt, halbiert	-
Petersilie	53
Pfefferminze	43
Pfefferminztee	375
Pferd Fleisch	119
Pflaume getrocknet	261
Pinienkerne	674
Preiselbeermarmelade	271
Prosecco	75
Puddingpulver Vanille	382
Pumpernickel	188
Pute Brustfleisch	102
Pute Schinken	102
Qualle	-
Reineclaude	72
Reis Gaoliangreis (Sorghum)	-
Reis Klebreis	360
Reis Reisschleim	353
Reis Rundkornreis	350
Reis Sorte beliebig	351
Reis Süßer	-
Reis Vollkorn	353
Reismehl	351
Reisstärke	343
Rind Filet	116
Rind Fleisch	148
Rind Herz (Kalb)	114
Rind Ochsenschwanzstücke	184
Rind Suppenfleisch	148
Rindfleisch (Kalb)	137
Roggen Vollkornbrot	306
Rosenblättertee	-

Rosenblütentee ... -
Rosenpaprika ... -
Rosenpaprika Pulver ... 306
Rosinen ... 272
Rosmarin ... 96
Rote Grütze (ohne Zucker) ... 118
Rote Rübe ... 42
Rum ... 312
Sahen 10% Kaffeesahne ... 203
Sahne sauer 10% ... 118
Sahne sauer 20% ... 205
Sahne sauer 30% ... 288
Salz Kräutersalz ... 21
Sanddorn ... 100
Sauerteig ... 310
Schafgarbe ... -
Schafmilch Joghurt ... 94
Schafsmilch ... 102
Schlagobers (30 % Fett) ... 309
Schlehdorn ... 58
Schmelzkäse 12% ... 221
Schmelzkäse 30% ... 328
Schnecke ... -
Schokolade (Diabetiker) ... 409
Schwarzer Fungu Pilz ... 211
Schwarzkümmel ... 899
Schwedenkraut ... -
Schwein Blut ... -
Schwein Darm ... -
Schwein Fett ... -
Schwein Hirn ... -
Schwein Lunge ... -
Schwein Markknochen (Röhrenknochen) ... -
Schwein Mettwurst ... -
Schwein Schinken ... 127
Schwein Schinken gekocht ... 216
Schwein Schinkenspeck ... 500
Schwein Schmalz ... 883
Seegurke ... -
Sellerie Knolle ... 17
Senf ... 143
Senf Dijon ... 85
Senf mittelscharf ... 86

Senf süß 187
Senfsamen .... -
Sesam Paste (Tahini) 663
Sesam, Schwarzer 594
Sesam, Weißer 594
Sesamöl 896
Sesamöl geröstet 896
Sherry .... -
Shrimps 80
Soja Cuisine (Soja-Sahne) 418
Soja Tofu geräuchert 72
Sojabohne 418
Sojabohnen, Schwarze, fermentiert 418
Sojamehl 418
Soja-Nudeln 325
Sonnenblumenkerne 524
Speiserüben 26
Spitzwegerichtee .... -
Sternanis .... -
Stevia (Süßkraut) .... -
Stutenmilch .... -
Süßholzwurzeltee .... -
Süßwasserfisch .... -
Süßwasserkrebs .... -
Tabasco 70
Taube Ei .... -
Teemischung Harnsäuresenkend .... -
Thunfisch 256
Thymian .... -
Thymian getrocknet 276
Toastbrot (Vollkorn) 259
Tomate getrocknet 105
Tomatenmark 175
Tomatenpüre 17
Tomatensaft 15
Tonicwasser 38
Traubenkernöl 968
Trüffel 56
Umeboshipaste 41
Vanille .... -
Vanillepulver .... -
Vanilleschote 261
Vanillezucker Natur 389

Vogelmiere	-
Vogerlsalat (Pflücksalat)	10
Vollkornbrot	233
Vollkornmehl	187
Wacholderbeere	362
Wachskürbis	14
Walderdbeeren	-
Walnüsse	690
Walnüsse geröstet	-
Wasser heiss	-
Weißbrot (Weizenbrot)	263
Weißbrot Baguette	263
Weißbrot Salzstangerl	263
Weißbrot Semmel	263
Weißfischchen	-
Weißkohl/Weißkraut	25
Weißwurz	-
Weizen Fladenbrot	240
Weizen Mehl Vollkorn	337
Weizen/Roggen Grau- Schwarzbrot mit Hefe	337
Weizengrassaft	-
Wermutkraut	80
Wildkräuter	-
Wirsing/Grünkohl	22
Yamswurzel, Yamswurzelknolle	-
Ysop	-
Ziegen- und Schafsblut	-
Ziegen- und Schafshirn	-
Ziegen- und Schafsleber	-
Ziegen- und Schafsmagen	-
Zimtpulver	261
Zimtstange	261
Zitronengras	-
Zitronenmelisse (frisch)	43
Zitronenmelisse (getrocknet)	294
Zucker (Staubzucker)	400
Zucker Palmzucker	400
Zuckerersatz (Süßstoff)	-
Zwetschken	43
Zwieback	394
Zwiebel Frühlingszwiebel	28
Zwiebel rot	28
Zwiebel Schalotte	22

Zwiebel weiss 28

6.2 Zutaten verwenden: ja

Aal 267
Apfel (süß) 60
Aprikose 42
Aubergine 25
Birne 60
Blumenkohl (Karfiol) 27
Brokkoli 33
Brombeere 29
Chili (Schote oder gemahlen) 341
Chinakohl 16
Couscous 345
Curry 325
Currypaste rot 104
Dinkel 320
Dinkel Flocken 327
Erbse, grün 81
Erdnüsse .... -
Fasan 143
Feige 78
Feige getrocknet 239
Fenchelsamen gemahlen 348
Fencheltee .... -
Flaschenkürbis 13
Gans 342
Gans (Gänseklein) 354
Gänseeei 192
Garnele 101
Granatapfel 44
Grundrezept für eine Rinderbrühe (klar) 34
Grundrezept für eine Rindermarkknochenbrühe .... -
Grünkern 324
Hagebuttentee 205
Haifisch .... -
Hase 153
Heidelbeere 37
Hering 234
Himbeere 34
Huhn Ei 154
Huhn Herz 124

Huhn Leber	136
Huhn Magen	-
Hummer	90
Ingwer Pulver	295
Kabeljau	76
Karausche	112
Kartoffel	68
Kirsche	63
Knoblauch	136
Kokosflocken	604
Kokosmilch	24
Kokosraspeln	604
Koriandergrün	266
Kräuter der Provence	-
Kräuter verschiedene	-
Kräuter Wildkräuter	-
Kumquat	71
Kuzu	342
Lamm Fleisch	234
Lamm Knochen	-
Lamm Leber	133
Lamm Nieren	-
Lamm Schulter	234
Languste	-
Longane	60
Lychee	76
Lychee (Konserve)	98
Mais	375
Malz	281
Mandelmilch	624
Mandelmus	624
Mandeln Marzipan	486
Marillen	55
Mohn	478
Morchel (schwarz, getrocknet)	10
Okra	31
Oliven	352
Paprika	20
Petersilienwurzel	33
Pfeffer (gemahlen)	255
Pfeffer Cayenne	255
Pfeffer Körner	255
Pfeffer weiss (gemahlen)	255

Pfeilwurzelmehl	-
Pfirsich	43
Pfirsich (Dose)	43
Pistazien	638
Quinoa	343
Reis Basmatireis	334
Reis Duftreis	351
Reis Langkornreis	347
Reis Roter	-
Reis Schwarzer	-
Reis Wilder (Naturreis)	353
Reismalz	316
Reisnudeln	109
Rettich (weiß, grün, lila-rot)	19
Rettich Meerrettich (Kren)	48
Rettich schwarz	19
Rettichblätter (vom Wochenmarkt)	-
Rind Fleischknochen	11
Rind Herz	124
Rind Knochenmark	837
Rind Leber	121
Rind Lunge (Kalb)	94
Rind Magen	94
Rind Niere	116
Roggen	312
Roggenmehl	312
Rosenkohl	29
Rotkohl	18
Safran	349
Sago (Getreide)	341
Sardellen/Sardine	124
Schafskäse	219
Schimmelkäse	454
Scholle	112
Schwarzwurzel	17
Soja Tofu	72
Sojabohnen, Gelbe	418
Sojabohnen, Schwarze	418
Sojabohnenmilch	31
Spinat	16
Süßkartoffel	118
Taube	-
Tintenfisch	87

Topinambur / Erdbirne ... 31
Trauben rot ... 73
Trauben weiß ... 73
Wachtel ... 175
Wachtel Ei ... 154
Wasser ... -
Weißdorn ... -
Wildschwein Fleisch ... 102
Yogitee ... -
Ziege ... 307
Ziegen- und Schafsmilch ... -
Zucchini ... 19
Zucker Melasse ... 400

6.3 Zutaten verwenden: wenig

Adzukibohnen ... 263
Ahornsirup ... 268
Apfelsaft (Naturtrüb) ... 50
Artischocke ... 12
Austern ... 72
Austernpilze ... 31
Bataviasalat ... -
Bier (Altbier) ... 43
Blattsalate (bitter) ... 16
Bohnenöl ... -
Borretschöl ... -
Bratöl ... -
Buchweizen ... -
Bulgur (Getreide) ... -
Buschbohnen ... 26
Butterbohnen weiße ... 274
Calamari ... 88
Cashewnüsse ... 600
Champignon ... 27
Chicorée ... 16
Distelöl ... 899
Eisbergsalat ... 13
Endiviensalat ... 19
Erbsen ... 145
Erdnussöl ... 895
Essig (Apfelessig) ... 21
Essig (Rotweinessig) ... 21

Essig Aceto Balsamico ... 21
Estragon ... 52
Feldsalat ... 14
Fischreste ... -
Frischkäse ... 274
Gerste ... 354
Gerste (Nacktgerste) ... 354
Grapefruit/Pampelmuse/Pomelo ... 43
Grapefruitsaft ... 47
Grüner Tee ... 149
Hammel ... 107
Heidelbeersaft ... 37
Himbeere getrocknet (unreife) ... -
Hiobsträne (Samen) YiYi Ren ... -
Hirse ... 362
Hirseflocken ... 369
Holunderblütentee ... 237
Honig ... 302
Johannisbeere (rot) ... 45
Johannisbeere (schwarz) ... 54
Johannisbeere (weiß) ... 38
Kaffee ... 2
Kamille ... 1
Kaninchen Leber ... -
Kichererbsen ... 346
Kirschsaft ... 58
Kopfsalat ... 17
Kresse ... 38
Kürbiskernöl ... 830
Leinöl ... 900
Limabohnen ... 80
Linsen (Helmbohnen) ... 110
Linsen gelb ... 77
Linsen rot ... 77
Linsen schwarz ... 77
Makrele ... 180
Malventee ... -
Mandarine ... 45
Margarine ... 720
Margarine (Diät) ... 720
Miso 198
Mungobohne ... 273
Mungobohnensprossen ... 24

Nachtkerzenöl .... -
Nierenbohnen (rote) 314
Olivenöl 897
Pfifferlinge/Eierschwammerl 12
Piment 307
Pintobohnen gesprenkelt .... -
Quitte 38
Radicchio 17
Radieschen 20
Rapsöl 917
Reishi 27
Römersalat/Lattich-Salat .... -
Rotbarsch 105
Rotwein 77
Rucola (Rauke) 17
Sake 24
Salbei 315
Salz .... -
Saubohnen (Dicke Bohnen) 309
Sauerkirsche 58
Sauerkraut .... -
Schaffleisch 307
Schnaps .... -
Schokolade 526
Schwarzaugenbohnen .... -
Schwarze Bohnen .... -
Schwein Fleisch 336
Schwein Haut .... -
Schwein Haxe (Eisbein) 194
Schwein Herz 89
Schwein Leber 124
Schwein Magen .... -
Schwein Nieren 114
Sellerie Stangensellerie 17
Shiitake, getrocknet 355
Silbermorchel, getrocknet .... -
Sojaöl 899
Sojapaste (Miso) 58
Sojasauce 70
Sonnenblumenöl 898
Spargel (grün oder weiß) 15
Stachelbeere 38
Stangenbohnen (Fisolen) 25

Steinpilz/Herrenpilz 20
Tsampa (geröstetes Gerstenmehl) 336
Umeboshipflaumen (Japanaprikosen) 29
Walnussöl 896
Weiße Bohnen 112
Weißwein 79
Weizen 321
Weizen Bulgurweizen 287
Weizen Flocken 321
Weizen Grieß 344
Weizen Grieß - Kindergrieß 344
Weizen Mehl 337
Weizenkeimöl 879
Weizenkleie 172
Wermut .... -
Ziegenkäse 396
Zitrone Schale .... -
Zucker (weiß, aus Rüben) 400
Zucker braun 406
Zucker Fructose Fruchtzucker 400
Zucker Glukose Traubenzucker 400
Zucker Kandis weiß 400
Zucker Milchzucker 400
Zucker Ursüße (Zuckerrohr) süß 400

6.4 Kontraindikativ wirkende Lebensmittel nicht verwenden

Agar-Agar, Agartang
Amaranth
Ananas
Ananas (aus der Dose)
Ananassaft ungezuckert
Apfel (sauer)
Avocado
Bambussprossen
Banane
Banane Kochbanane
Beerensaft
Bier (Pils)
Birnensaft
Butter Bio
Buttermilch

Chlorella (Süßwasser)
Clementinen
Creme fraiche
Ente (Frühmastente, schlachtfrisch)
Ente (Herz)
Erdbeere
Erdbeersaftgetränk
Gemüsesaft
Grundrezept für eine Entenbrühe
Gurke
Hafer
Honigmelone
Joghurt (Natur, 1,5 % Fett)

Joghurt (Natur, 3,5 % Fett)
Karambole/Sternfrucht
Kaviar
Kefir
Kiwi
Klettenwurzeltee
Kombualge
Krabbe
Kuhmilch (1,5 % Fett)
Kuhmilch (Vollmilch 3,5 % Fett)
Löwenzahn (junger)
Löwenzahnwurzeltee
Mango
Mangold
Maulbeerfrucht
Meeräsche
Meereskrebs
Melisse
Miesmuscheln
Mineralwasser
Mittelmeerfisch (Kabeljau, Scholle, Schellfisch, Seeaal, Makrele)
Mozzarella
Orange
Orangensaft
Papaya
Parmesan
Pflaume
Preiselbeere
Preiselbeersaft
Quargel 20%
Reh Fleisch
Rhabarber
Sahne, süß 30%
Sauerampfer
Sauermilch
Sauerrahm 15% Fett
Schafgarbentee
Schwarztee
Tomate
Topfen 20%
Topfen 40%
Traubensaft rot
Traubensaft weiß
Wakame
Wassermelone
Weizen Bier
Weizen Gras Pulver
Zitrone
Zitrone Saft
Zitrone, Limette

7 Therapeutische Kräuter und deren Wirkungen

Keine definiert

8 Kräuter aus den Rezepten und deren Wirkungen

8.1 Basilikum

Wirkt wohltuend bei Blähungen und Übelkeit, entkrampfend und beruhigend.
Trocknet aus, leitet nach unten.

8.2 Koriander

Fördert Verdauung.
Schweiß treibend, reduziert Wind.

8.3 Lauchzwiebel Schnittlauch

Bakterizid, beugt Krebs vor, stärkt Magensaftproduktion, fördert Verdauung und Durchblutung, fördert das Wachstum, löst Stagnation. Leitet nach oben.

8.4 Liebstöckel

Regt Verdauung an, reduziert Schmerzen.
Reduziert inneren Wind, Feuchtigkeit, löst Stagnation, leitet nach oben.

8.5 Lilienzwiebel

Beruhigt Nerven.

8.6 Makannasternsamen

Stärkt Milz, lindert Diarrhö, reduziert Ausfluss.

8.7 Petersilie

Regt Leberfunktion an, entgiftet.
Nährt Blut und Leber, harmonisiert Leber und Milz, stärkt Sehkraft, bewahrt die Säfte, zieht zusammen.

8.8 Rosmarin

Fördert Verdauung, stärkt Lunge, Milz und Niere.
Trocknet aus, leitet nach unten. Stärkt Herz, Lunge und Milz-Qi, Stärkt Leber-Blut. Stärkt Herz-Yin. Vertreibt Milz Hitze/Kälte Feuchtigkeit. Stärkt Milz- und Nieren-Yang

8.9 Salbei

Trocknet aus, gegen Hefepilzinfektionen.
Vertreibt Schleim, leitet nach unten, Aktivert Wei Qi, stärkt Qi.

8.10 Yamswurzel, Yamswurzelknolle

Baut Lunge, Milz, Niere auf.

8.11 Zitronenmelisse (frisch)

Anregend, antibakteriell, aufmunternd, beruhigend, entspannend, krampflösend, kühlend, pilzhemmend, schmerzstillend, schweißtreibend, virushemmend, Erkältung, Fieber, Grippe, Husten, Bronchitis, Asthma, Appetitlosigkeit, Blähungen, Sodbrennen.

9 Grundlagen der Ernährung

Die hier beschriebenen Grundlagen der Ernährung zeigen allgemeine Empfehlungen und beziehen sich nicht auf eine spezielle Therapieform.
Die Empfehlungen der Therapie haben Vorrang.

9.1 Ernährung

Die regelmäßige Einnahme von Mahlzeiten in entspannter Atmosphäre.
Ein wärmendes Frühstück gilt als guter Start in den Tag.
Mittags sollte die Hauptmahlzeit stattfinden - das Abendessen am frühen Abend.

Die Beachtung von Hunger- und Sättigungsgefühlen: Nicht überessen und nicht hungern, so lautet die Regel.

Die frische Zubereitung der Speisen aus naturbelassenen, regionalen Produkten. Tiefgekühlte, hitzekonservierte, industriell vorgefertigte oder mikrowellengegarte Lebensmittel werden abgelehnt.

Die Auswahl von Lebensmittel nach der Jahreszeit: Im Sommer mehr kühlende Nahrung, im Winter mehr wärmende Nahrung.

Mindestens zweimal am Tag Gekochtes essen. Speisen und Getränke sollen möglichst handwarm, niemals eiskalt oder heiß sein.

Rohkost, kurz gegartes Gemüse, frisch gepresste Säfte und Mineralwasser werden üblicherweise nicht empfohlen. Milch und Milchprodukte stehen nur dann auf dem Speiseplan, wenn sie problemlos vertragen werden.

Therapeutische Rezepte nicht über einen längeren Zeitraum ohne Rücksprache mit dem Arzt oder Therapeuten einnehmen.

1. Vielseitig essen
Lebensmittelvielfalt genießen. Merkmale einer ausgewogenen Ernährung sind abwechslungsreiche Auswahl, geeignete Kombination und

angemessene Menge nährstoffreicher und energiearmer Lebensmittel. (Einerseits Schutz vor Unterversorgung mit essentiellen Nährstoffen und andererseits Schutz vor einer überhöhten Zufuhr unerwünschter Inhaltsstoffe.)

2. Reichlich Getreideprodukte - und Kartoffeln
Brot, Nudeln, Reis, Getreideflocken (am besten aus Vollkorn), sowie Kartoffeln enthalten kaum Fett, aber reichlich Vitamine, Mineralstoffe, Spurenelemente sowie Ballaststoffe und sekundäre Pflanzenstoffe. Diese Lebensmittel sollten mit möglichst fettarmen Zutaten verzehrt werden.

3. Gemüse und Obst - Nimm "5" am Tag ...
5 Portionen Gemüse und Obst am Tag, möglichst frisch, nur kurz gegart, oder auch eine Portion als Saft – idealerweise zu jeder Hauptmahlzeit und auch als Zwischenmahlzeit: Damit werden reichlich Vitamine, Mineralstoffe sowie Ballaststoffe und sekundären Pflanzenstoffe (z.B. Carotinoiden, Flavonoiden) zugeführt. Das Beste, was man für die eigene Gesundheit tun kann.

4. Täglich Milch und Milchprodukte, ein- bis zweimal in der Woche
Fisch; Fleisch, Wurstwaren sowie Eier in Maßen. Diese Lebensmittel enthalten wertvolle Nährstoffe, wie z.B. Calcium in Milch, Jod, Selen und Omega-3-Fettsäuren in Seefisch. Fleisch ist wegen des hohen Beitrags an verfügbarem Eisen und an den Vitaminen B1, B6 und B12 vorteilhaft. Mengen von 300 - 600 g Fleisch und Wurst pro Woche reichen hierfür aus. Fettarme Produkte bevorzugen, vor allem bei Fleischerzeugnissen und Milchprodukten.

5. Wenig Fett und fettreiche Lebensmittel
Fett liefert lebensnotwendige (essenzielle) Fettsäuren und fetthaltige Lebensmittel enthalten auch fettlösliche Vitamine. Fett ist besonders energiereich, daher kann zu viel Nahrungsfett Übergewicht fördern, möglicherweise auch Krebs. Zu viele gesättigte Fettsäuren fördern langfristig die Entstehung von Herz-Kreislauf-Krankheiten. Pflanzliche Öle und Fette bevorzugen (z.B. Raps-, Oliven- und Sojaöl und daraus hergestellte Streichfette). Auf unsichtbares Fett achten, das in Fleischerzeugnissen, Milchprodukten, Gebäck und Süßwaren sowie in Fast-Food- und Fertigprodukten meist enthalten ist. Insgesamt 70 - 90 Gramm Fett pro Tag reichen aus.

6. Zucker und Salz in Maßen
Nur gelegentlich Zucker und Lebensmittel, bzw. Getränke verzehren, die mit verschiedenen Zuckerarten (z.B. Glucosesirup) hergestellt wurden.

Kreativ mit Kräutern und Gewürzen und wenig Salz würzen. Jodiertes Speisesalz bevorzugen.

7. Reichlich Flüssigkeit
Wasser ist absolut lebensnotwendig. Jeden Tag rund 1-2 Liter Flüssigkeit trinken. Wasser (ohne oder mit Kohlensäure) und andere kalorienarme Getränke bevorzugen. Alkoholische Getränke sollten nicht konsumiert werden.

8. Schmackhaft und schonend zubereiten
Die jeweiligen Speisen bei möglichst niedrigen Temperaturen garen, soweit es geht kurz, mit wenig Wasser und wenig Fett - das erhält den natürlichen Geschmack, schont die Nährstoffe und verhindert die Bildung schädlicher Verbindungen.

9. Sich Zeit nehmen und das Essen genießen
Bewusstes Essen hilft, richtig zu essen. Auch das Auge isst mit. Sich beim Essen Zeit lassen. Das macht Spaß, regt an, vielseitig zuzugreifen und fördert das Sättigungsempfinden.

10. Auf das Gewicht achten und in Bewegung
Ausgewogene Ernährung, viel körperliche Bewegung und Sport (30 bis 60 Minuten pro Tag) gehören zusammen. Mit dem richtigen Körpergewicht fühlt man sich wohl und fördert die Gesundheit.
Thermik, Wirkrichtung, Verdauungskraft
Es gibt unterschiedliche Kriterien, die Wirksamkeit von Kräutern und Lebensmittel zu beurteilen. Der Einsatz der Kräuter und Zutaten basiert auf Beobachtung, was die Lebensmittel, Kräuter und Gewürze nach ihrem Verzehr im Körper bewirken. In der Medizin hat sich daraus folgendes System entwickelt: Jede Zutat oder Kraut hat eine Wirkrichtung. Außerdem gibt es noch Kräuter, die eine besondere Wirkung auf bestimmte Organe haben.

Voraussetzung für einen gesunden Stoffwechsel ist es, darauf zu achten, dass wir ausreichend Energie aus der Nahrung gewinnen und der Verdauungsprozess so wenig Energie wie möglich verbraucht. Eine bekömmliche Mahlzeit macht zufrieden und satt, verursacht keine Blähungen und keine Müdigkeit nach dem Essen. Richtiges Würzen erhöht die Bekömmlichkeit unserer Speisen. Es genügen oft schon geringe Mengen an Kräutern und Gewürzen. Sie dienen nicht dazu, uns satt zu machen, sondern helfen unseren Verdauungsorganen, die Nahrung zu verdauen.

9.2 Rezepte

Die Rezepte zeigen Ihnen welche Zutaten verwendet werden, sowie mit der Kochanleitung wie diese zubereitet werden. Bei den Zutaten wird neben den Mengenangaben auch die Wichtigkeit für die Therapie, das Wärmeverhalten sowie das Element angezeigt. Wenn dabei angezeigt wird "weniger als angegeben" versuchen Sie diese Empfehlung einzuhalten oder eine Alternative aus der Liste der "Empfohlenen Lebensmittel" zu finden. Meistens ist es nur eine leichte geschmackliche Änderung wenn Sie diese Zutat gänzlich weglassen.

Schonende Kochmethoden: Kochen, dämpfen, pochieren, dünsten
Scharfe Kochmethoden: Grillen, rösten, anbraten, räuchern
Ausgeglichene Kochmethoden: Frittieren, Römertopf

Auf das Einfrieren und erwärmen in der Mikrowelle sollte verzichtet werden (Denaturierung).

9.2.1 Rezepte nach Folge der Elemente kochen

In der TCM werden die Zutaten der Rezepte möglichst in der Reihenfolge der Elemente verwendet, welches eine erhöhte Bekömmlichkeit und energetische Qualität ergibt. Den Beginn macht die Kochmethode mit der begonnen wird. Wird in einer Pfanne oder Topf etwas erwärmt ist das Element das Feuer. Diese 5 Elemente stehen in Beziehung zueinander und haben eine natürliche Reihenfolge, die den Jahreszeiten entspricht.
Metall - Wasser - Holz - Feuer - Erde.
So stärkt das jeweilige Element das das ihm nachfolgende. Die Zutaten können dann in Gruppen der jeweiligen Elemente beigegeben werden. Es sollten nach Möglichkeit immer alle 5 Elemente in einer Speise vorhanden sein. Das Element mit dem man aufhört, ist am wirksamsten. Das bedeutet, gebe Sie am Ende noch etwas Petersilie über das Gericht, hat es den größten Einfluss auf die Leber, da sowohl Petersilie als auch die Leber zum Holzelement zählen.

Wenn Sie nach dieser Methode kochen wollen, sollten Sie bei einem TCM-Ernährungsberater oder einem TCM-Kochkurs weitere Feinheiten kennen lernen. Grundlagen sehen Sie auf:
https://de.wikipedia.org/wiki/Fünf-Elemente-Lehre

Organ	Element
Leber, Galle	Holz
Herz, Dünndarm	Feuer
Milz, Magen	Erde

Lunge, Dickdarm   Metall
Nieren, Blase   Wasser

9.3 Lebensmittel

In der Traditionell Chinesischen Medizin werden alle Lebensmittel den 5 Elementen Holz, Feuer, Erde, Metall und Wasser zugeordnet.

Lebensmittel wirken wie Heilkräuter auf Körper und Geist, nur wesentlich sanfter. Die Ernährungsberatung stützt sich hauptsächlich auf heimische Lebensmittel. Das Wissen über die Wirkungsweisen jedes einzelnen Lebensmittels und das Wissen wann welche Lebensmittel zur Anwendung kommen, entstammt der Schulmedizin. Verwende Sie möglichst Erzeugnisse aus ökologischen-biologischem Landbau.

Da wegen der besseren Verdaulichkeit grundsätzlich alles lange gekocht und kaum roh gegessen wird, ist die Verträglichkeit hervorragend.

Die Einteilung der Lebensmittel entsprechend ihrer Wirkung auf den Körper und bildet die Basis, um einen ausgewogenen und harmonischen Gesundheitszustand im Körper zu erreichen.

Grundsätzlich empfiehlt die Ernährungsberatung keine bestimmten Lebensmittel für Jedermann. Ausschlaggebend für den individuellen Speiseplan ist vor allem die persönliche Konstitution.

Kaufen Sie nur frisches und reifes Obst und Gemüse ein. Braune Stellen, welke Blätter aber auch unreifes Obst und Gemüse sollten Sie im Supermarkt zurücklassen. Greifen Sie dann zu Tiefkühlware (keine Fertiggerichte!). Tiefkühlobst und -gemüse werden kurz nach dem Ernten schockgefroren und enthalten deshalb oftmals mehr Vitamine und Mineralstoffe, als die Ware aus der Obst- und Gemüsetheke! Konserven- und Dosenware dagegen enthält wesentlich weniger Biostoffe. Zudem werden Letztere meist mit Salz, Zucker usw. angereichert. Lassen Sie die Zutaten nach dem Waschen nie im Wasser liegen, denn so gehen viele Vitalstoffe ins Wasser über! Putzen Sie Salate, Früchte und Gemüse erst unmittelbar vor Verzehr.

Beachten Sie bitte die hygienische Verarbeitung der Lebensmittel. Waschen Sie Ihre Salate, Früchte und Gemüse gründlich. Bei Gerichten mit Fleisch bereiten Sie zuerst die Zutaten vor und verarbeiten dann die Fleischprodukte. Reinigen Sie danach die Arbeitsflächen und Werkzeuge besonders gründlich. Holzunterlagen sollten regelmäßig mit leichtem

Desinfektionsmittel behandelt werden um die Keimbildung einzuschränken.

Bewahren Sie Obst und Gemüse möglichst getrennt voneinander auf. Auch geerntete Früchte und Gemüse leben und strömen z.b. Ethylengas aus, das andere Sorten schneller reifen und altern lässt. Fleisch und Fisch in der verschlossenen Verpackung lassen oder in luftdichten Boxen im Kühlschrank aufbewahren.

9.4 Kräuter

Bei der Aufbewahrung und Lagerung von Heilkräutern, müssen gewisse Grundregeln beachtet werden. Grundsätzlich müssen Heilkräuter geschützt vor direkter Sonneneinstrahlung, vor Feuchtigkeit und vor heißen Temperaturen gelagert werden.

Als Gefäße für die Lagerung von Heilkräutern können Gläser, Keramik-Behälter und zur Not auch Plastik-Dosen eingesetzt werden. Plastik ist aber ein sehr unreines Material und sollte daher wirklich nur eine kurzfristige Notlösung sein. Bei Glasbehältern ist darauf zu achten, dass dunkles Glas verwendet wird.

Heilkräuter können nicht beliebig lange aufbewahrt werden. Die Haltbarkeit von Heilkräutern ist auf jeden Fall begrenzt. Durch die Haltbarkeitsdauer kann durch sachgerechte Lagerung wesentlich erhöht werden. So soll der Lagerplatz dunkel, eher kühl und absolut trocken sein. Ein Medizinschrank aus Holz, der nicht direkt bei einer Wärmequelle platziert ist wäre ideal. Um Ihre Heilkräuter nicht wegwerfen zu müssen, kaufen Sie nicht zu große Mengen an Heilpflanzen. Beschriften Sie die Behälter mit dem Namen des Heilkrauts und dem Datum der Ernte bzw. der Verarbeitung.

10 Weitere Ernährungsvorschläge

Folgende Syndrome der Diätetik, der TCM oder als Therapieergänzung bei Krebs sind verfügbar.

DIÄTETIK
1. Ernährung des Säuglings - Beikost
2. Ernährung in der Stillzeit
3. Ernährung im Alter
4. Ernährung von Kindern und Jugendlichen
5. Ernährung von Sportlern
6. Leichte Vollkost
7. Schwangerschaft
8. Vollkost

Eiweiß und Elektrolyt – Nieren
9. (Hämo-)Dialysebehandlung
10. Akutes Nierenversagen
11. Chronische Niereninsuffizienz
12. Nephrotisches Syndrom
13. Nierensteine (Nephrolithiasis)

Gastrointestinaltrakt - Bauchspeicheldrüse
14. Akute Pankreatitis (Entzündung der Bauchspeicheldrüse)
15. Chronische Pankreatitis (Entzündung der Bauchspeicheldrüse)

Gastrointestinaltrakt - Dünndarm und Dickdarm
16. Akute Obstipation (Verstopfung)
17. Chronische Obstipation (Verstopfung)
18. Colon irritabile
19. Divertikulitis
20. Erworbene Laktoseintoleranz (Laktosemalabsorption)
21. Fruktosemalabsorption
22. Glutensensitive Enteropathie (Zöliakie)
23. Kolektomie
24. Kurzdarmsyndrom

Gastrointestinaltrakt - Leber, Gallenblase, Gallenwege
25. Akute und chronische Hepatitis (Entzündung der Leber)
26. Cholelithiasis (Gallensteine)
27. Fettleber
28. Leberzirrhose

Gastrointestinaltrakt - Magen und Zwölffingerdarm
29. Akute Gastritis
30. Chronische Gastritis
31. Magenblutung
32. Ulcus ventriculi und Ulcus duodeni
33. Zustand nach Magenoperation

Gastrointestinaltrakt - Mundhöhle und Speiseröhre
34. Mundschleimhautentzündung
35. Ösophaguskarzinom (Speiseröhrenkrebs)
36. Reflüxösophagitis (Sodbrennen)

spezielle Krankheiten
37. Phenylketonurie (PKU)

38. Rheumatische Gelenkserkrankungen
Stoffwechsel
39. Adipositas (Übergewicht)
40. Diabetes mellitus
41. Essstörungen (Untergewicht)
Fettstoffwechsel
42. Hypercholesterinämie (erhöhter Cholesterinspiegel)
43. Hepatische Enzephalopathie
Herz- und Kreislauf
44. Arteriosklerose (Arterienverkalkung)
45. Herzinsuffizienz
46. Hypertonie (Bluthochdruck)
47. Hyperurikämie und Gicht
veränderter Nährstoffbedarf
48. bei Fieber
49. bei malignen Erkrankungen
50. nach Verbrennungen
51. Strahlen- und Chemotherapie

KREBS
100. Bauchspeicheldrüse
101. Blasenkrebs
102. Blutkrebs (Leukämie)
103. Brustkrebs
104. Darmkrebs
105. Magenkrebs
106. Nierenkrebs
107. Speiseröhrenkrebs

TCM
200. Blase - Feuchte Hitze in der Blase
201. Blase - Feuchtigkeit und Kälte in der Blase
202. Blase - Leere und Kälte in der Blase
203. Dickdarm - äussere Kälte befällt den Dickdarm
204. Dickdarm - Feuchte Hitze im Dickdarm
205. Dickdarm - Hitze blockiert den Dickdarm II akut
206. Dickdarm - Trockenheit des Dickdarms
207. Dickdarm - Yang Mangel (Kälte)
208. Herz - Blut Mangel
209. Herz - Blut Stagnation
210. Herz - Feuer
211. Herz - Heisser Schleim verstopft die Herzporen
212. Herz - Kalter Schleim verstopft die Herzporen
213. Herz - Qi Mangel
214. Herz - Yang Mangel
215. Herz - Yin Mangel
216. Leber - aufsteigender Leber-Yang
217. Leber - Blut-Mangel
218. Leber - Blut-Stagnation
219. Leber - feuchte Hitze in Leber und Gallenblase
220. Leber - Feuer
221. Leber - Gallenblase Qi-Leere
222. Leber - Kälte im Lebermeridian

223. Leber - Qi-Stagnation
224. Leber - Wind
225. Leber - Wind mit aufsteigendem Leber Yang
226. Leber - Wind mit Blutleere
227. Leber - Wind mit extremer Hitze
228. Lunge - Qi Mangel
229. Lunge - Schleim-Feuchtigkeit in der Lunge
230. Lunge - Schleim-Hitze in der Lunge
231. Lunge - Schleim-Kälte in der Lunge
232. Lunge - Trockenheit der Lunge
233. Lunge - Wind-Hitze befällt die Lunge
234. Lunge - Wind-Kälte befällt die Lunge
235. Lunge - Yin Mangel
236. Magen - Blutstagnation
237. Magen - Feuer
238. Magen - Magenkälte mit Flüssigkeit
239. Magen - Nahrungsstagnation
240. Magen - Qi Mangel
241. Magen - rebellierendes Magen Qi
242. Magen - Yin Leere
243. Milz - Hitze und Feuchtigkeit befällt die Milz
244. Milz - Kälte und Feuchtigkeit befällt die Milz
245. Milz - Qi Mangel
246. Milz - Qi Mangel + Absinkendes MilzQi
247. Milz - Qi Mangel + Milz kontrolliert das Blut nicht
248. Milz - Yang Mangel
249. Niere - Herz und Niere kommunizieren nicht mehr
250. Niere - Jing Mangel
251. Niere - Nieren können das Qi nicht empfangen
252. Niere - Qi ist nicht fest
253. Niere - Yang Mangel
254. Niere - Yin Mangel

11 EBNS - Software für die Ernährungsberatung

Die Hauptaufgabe der Datenbank ist eine **„personalisierte Ernährungsberatung"** für jeden Patienten individuell. Die Datenbank wurde für die Diätetik und Traditionellen Chinesischen Medizin entwickelt. Sie Unterstützt bei der Ausbildung und Beratung im Arbeitsalltag.

Das Computerprogramm liefert Listen von Rezepten, Zutaten und Kräuter, welche dem Klienten mitgegeben werden. Individuell nach Patienten-Wunsch von Vollkost bis Vegetarier (Lacto-, Ovo-, ...) einstellbar. Zu jedem Register gibt es ein INFOBLATT welches einmal dem Klienten mitgegeben werden kann.

Die Syndrome sind kombinierbar und ergeben eine Schnittmenge der empfehlenswerten Rezepte und Zutaten. Die automatisierte Diagnose für die TCM ermöglicht Ihnen während der Ausbildung Ihre Erfahrungen zu überprüfen sowie im Arbeitsalltag ihre Diagnose zu bestätigen. Sie wählen mehrere vordefinierte Symptome und lassen sich vom Programm die relevanten Syndrome automatisch anzeigen.

Wie Sie mit der Datenbank arbeiten können:
Sie können alle Werte verändern, neue Symptome oder Syndrome anlegen, Rezepte entwickeln, verändern oder Zutaten und Kräuter an Ihre Erkenntnisse anpassen. In der einfachen Klientenverwaltung werden alle relevanten Daten zu der Person gespeichert. Sie bekommen einen Überblick über die zurückliegenden Diagnosen und die Entwicklung des Krankheitsverlaufes.

Als Berater sparen Sie viel Zeit, wenn Sie für die erkannten Syndrome die Rezept-, Lebensmittel- und Kräuterlisten ausdrucken und den Klienten mitgeben. Diese Zeit können Sie für das persönliche Gespräch nutzen.

Alle Rezept- und Lebensmittellisten können Sie auch als Kombination mehrerer Erkrankungen bestellen. Mit der Datenbank können Sie außerdem für jedes Rezept die Nährstoffe und Spurenelemente angezeigt bekommen und Rezepte für Syndrome selbst mit vorgeschlagenen Zutaten entwickeln.

Weitere Informationen finden Sie auf http://www.ebns.at.
Josef Miligui, Tel.: +43 660 121 05 00